怪のはなし

加門七海

集英社文庫

この作品は二〇〇八年十二月、集英社より刊行されました。

はじめに

私の職業は作家と呼ばれ、文筆業・著述業と分類されるが、自分で名乗るときは必ず「モノ書き」と称し、また記している。

理由は書く素材がモノ、即ち「神」「鬼」「霊」「物怪（もののけ）」についてのみという、それなりの自負があるからだ。

フィクションからノンフィクション、エッセイから長編小説まで。デビュー以来、それしか扱っていないというのは、自分でも呆れるところだ。が、日常生活でも、その手の話が尽きないというのは、もう、なんと言ったらいいのやら……。

とはいえ、幽霊に遭遇したことのある人なんて、別に珍しくもないだろう。幼い頃から怪談と縁の切れない人だって、実はごまんと存在している。

そういう中で、私が自分の体験をこういう場所に記すのは、単にモノ書きという職に就いているからにほかならない。

ゆえに、本書は多くの方がお馴染みの出来事を記した身辺雑記だ。

ただ、この種の話のほとんどは、この世ならぬ連中との出会いで構成されるため、「庭の花が咲きました」などという、しみじみとしたものにはなりづらい。

どちらかというと、怖い目に遭った、二度とゴメンだ、という話題が多く、これを日常と言ってしまうと、私はなんだかとても不幸だ。

しかしながら、どういうわけか、私はモノとの出会いが嫌ではない。

彼らは人の感情を波立てることには天才的で、ありがちな金縛りひとつでも、何らかの工夫を凝らしてくる。

舞台設定や姿形は、本当に千差万別だ。だから飽きることはないし、本当の意味で慣れることもない。

実話怪談を披露すると、よく、このようなことを言われる。

「幽霊なんて、もう慣れているでしょう」

確かに、我ながら遭遇率は高いと思うが、記したごとく、彼らの芸域は幅広い。

たとえば、野球の試合を見て、そのルールを憶えたと安堵していたら、いきなりサッカーが始まったような。または剣道にはもう慣れたと思っていたら、相手が鎖鎌を出してきたような。

まったく、怪異は千差万別。一期一会の出会いである。

だから、私はついついモノとの遭遇を面白いものと感じてしまうし、怖い目に遭ってもなかなか懲りない。それどころか、最近は怪異に人生を教わったり、感動させられることすらある。

病膏肓に入るとは、このことか。

自分ではよくわからない。

わからないから、彼らとの出会いと感じたことを、一モノ書きとして、この場所に書きとどめておこうと思う。

怪のはなし　目次

写真　加門七海

怪のはなし

其ノ一

霊山の話

年に数回、登山をする。

だが、登山が趣味かと言われると、そこまでではないし、少し違う。

山そのものも好きだけど、私が登るのはやはり、霊山だの聖山だのと呼ばれる場所だ。

もっとも、日本の山のほとんどは修験者(しゅげんじゃ)達が入っているので、なんらかの跡は残っている。しかし、その中でも、心惹かれる山というのは限られている。

数年前、友人S美と連れ立って、出羽三山(でわさんざん)を縦走した。

羽黒山(はぐろさん)で前日泊。翌朝から月山(がっさん)に向かって、頂上小屋で一泊。そして、湯殿山(ゆどのさん)に下りるという行程だ。ゆったり時間を使えるのは、モノ書きという仕事の特権だろう。

改めて説明するまでもなく、出羽三山は修験の山だ。だが、この山々にはもうひとつ、恐山(おそれざん)同様の「他界」という顔がある。

在地の人達は、死後、魂は出羽三山に向かうと語る。実際、登山ののちに訪れた注連寺にて、お坊様はこう仰った。

「この廊下の先に扉があるでしょう。そこを開けると、月山が見えるんです。この辺りの人達は、亡くなるとこの寺のこの廊下を通って、月山に向かうんですよ」

「ここを通って？　本当に？」

自分の立っている廊下を見下ろし、私は訊いた。

「泊まってみますか。わかりますから」

私の問いに、お坊様は挑発するように微笑んだ。

魅力的ではあったけど、私は誘いに乗らなかった。なぜなら既に、出羽三山にて怖い思いをしていたからだ。

——最初は羽黒山だった。

死後の山と言われるだけあり、山道の途中には、ときどき賽の河原を思わせる風景が広がっていた。

出羽神社周辺にも、古い墓が並んでいる。その中のひとつに、連れのS美が興味を示して入っていった。

私は手前で留まった。何がどういうわけではない。単純に「入りたくない」と思ったからだ。彼女はなんの躊躇いもなく、墓地の奥に進んでいく。

S美はこういうものに興味があるくせに怖がりで、今回の旅行においても、最初から私に釘を刺していた。

——何かが見えても、絶対に言うな、と。

ゆえに、私はその墓地も気味悪いとは思いつつ、彼女が奥に入っていくのを黙って見つめていただけだった。

S美が奥に進んだ理由は、歴史のありそうな五輪塔や、板碑らしきものがあったからにほかならない。彼女はそれらを目指しつつ、ふと、背の低い墓の前で足を止めた。

（やだなあ）

私は眉を顰めた。

（あんなもの、見ないほうがいいのに）

遺族が為したか、あるいは誰かが落とし物でもひっかけたのか、墓には古いデザインの背広が着せかけられていた。焦げ茶のツイード生地であるのが、遠目からでも見て取れる。墓石の幅がちょうど人の肩幅程度であるために、その背広はまさに、人間が肩に掛けているように思われた。

S美が私に視線を向けた。そして、駆け戻ってきた。

「走るな！」

とっさに、私は叫んだ。

「ゆっくり……振り向かずに、ゆっくり戻って」

どうして、そのとき、そんなことを言ったのかは憶えていない。だが、彼女は顔を引きつらせ、私の指示に従った。そして、なぜ走ったのかと訊いた私に、

「あんた、ものすごい顔してんだもん」

と、失礼な台詞を吐いたのだった。

「仕方ないでしょ。変なことがあっても、口に出すなって言われてたんだから」

「な、何かあったの？」

「別に。でも、どうして、あの墓の前で立ち止まったの？　どう見ても怖い感じじゃない」

「怖いって？」

「背広を着せているお墓なんか怖いでしょ」

「そんなものは、なかったよ」

「え？　それを見ていたんでしょう」

「私、そんなもの、見てないよ！」

彼女は叫び、私を睨(にら)んだ。

気味の悪さは残ったが、どちらかの勘違いという可能性もある。S美は約束を破ったと、私に文句を言い続けた。が、日の暮れる頃には、お互いにその話題にも飽きてきた。私達は翌日の月山登山に備えて、寝床に入った。

月山は今、八合目から登り始めるのが定番だ。修験の山とはいうものの、観光客や講(こう)の人など、大勢が登る三山の道は整えられている。

翌日、天気に恵まれた我々は、ゆっくりと山を登っていった。

昼食は、途中にある仏生池(ぶつしょういけ)で摂(と)ると決めていた。そこに至ると「仏生池」という名にふさわしく、お地蔵様が祀(まつ)られて、風車(かざぐるま)がいくつも奉納されていた。

水子供養の場で、ご飯とは。

やれやれと思いつつ、お地蔵様前のベンチに座る。空は雲ひとつなく、表面的には最高の日和だ。しかし、そこで我々がおにぎりを頬張り始めた途端、風車がひとつだけ、激しく回転し始めたのだ。

気づいたときには、もう、遅かった。ベンチに座った私の膝に、赤いスカートを穿(は)いた女の子が、両手で縋(すが)りついていた。

なかなか、可愛らしい……などと思ってしまってはまずい。

私はさりげなく、S美に訊いた。

「ねえ。このお地蔵様に、おにぎりとかお供えしたら、ダメかなあ」

「ダメに決まってるでしょう」

きっぱりとした口調で、S美は言った。

「山じゃ、そういうものは、すべてゴミになるんだから。食べきれなかったら、持って帰らないと」

そういう意味ではないのだが。

ともかく、そのひと言で、女の子の姿は消えた。同時に、激しく回っていた風車の動きもぴたりと止んだ。私はホッとしながらも、なんとなく、その女の子に悪いことをしたような気持ちになった。

その情が仇になったと知ったのは、昼食を終え、月山頂上を目指し始めてからだった。

異常に、体が重いのだ。

最初は、食事直後だから体が動かないのだと考えた。しかし、それから暫くしても、一向にペースは上がらない。

荷物が、いや、足が重い。水の中を歩いているように、どうにも足が上がらない。

私のペースに合わせていたS美がついに、音を上げた。

「このままじゃ、小屋に着く前に日が暮れちゃうよ！」

仏生池から頂上までは、一時間半で着くはずだった。出発したのは午後一時。なのに、二時を回っても、行程の半分にも至っていない。

S美に言われるまでもなく、このままでは非常にまずい。

(勘弁してくれ)

心で悲鳴を上げながら、私は道端に座り込んだ。そして、息を整えながら、最終手段としてS美に告げた。

「この先、私は私のペースで登っていってもいいかなあ」

「いいけど……。大丈夫？」

「うん。多分」

了承を得て、私は立った。そして、山の上だけを見つめて、私は走り始めた。

予想外の行動に、S美が驚いているのがわかる。が、それに構う余裕はない。私は可能な限りの速度で、頂上への道を登り続けた。途中、追い抜いた団体から「速いなあ」という声が聞こえた。それほどのスピードを出しながら、歯を食いしばって登っていくと、徐々に体が軽くなってきた。

もう少し。

勢いを得て、速度を上げる。と、岩場を乗り越えたその瞬間、足が完全に解放された。

（やった。離れた！）

これもまた、どうして、こうすればいいと思ったのか、そこに至る理屈は憶えていない。前日の墓地では、S美に走るなと言い、今回は走るべきだと思った。その違いもまったくわからない。要は自分の感覚だけだ。が、この感覚や勘に従えば、大きな災いには至らない。それだけは経験で知っている。

もう少し先まで登ったのち、私はS美が追いつくのを待った。

「何をしたの？」

彼女は訊いたが、私はさあ、としか答えなかった。怖いことを言ってはダメだと、念押しされていたからだ。

無事に着いた頂上の夜は、美しく、また穏やかだった。しかし、その達成感も感動も、ひと晩限り。翌日、私達はこの旅最大の怪異に見舞われてしまったのだ。

墓地の背広や、仏生池の女の子に関係していたのかどうか。いや、多分、まったく関係ない……あれは月山という山そのものの怪異だったに違いない。

見事なご来光に手を合わせたのち、私達は下山ルートに入った。

今日は月山から湯殿山に抜ける。途中、ややきつい岩場があるが、道は一本。ほかの登山客も多くいるので、安心できる下山路だ。

所要時間は約三時間。それだけだと物足りないので、我々は途中にある姥ヶ岳に登ることにした。それで、四時間。昼食と休憩を含めて、予想される所要時間は余裕をもって五時間半。朝七時に小屋を出たので、遅くとも午後一時過ぎには、湯殿山に着くという予想を立てた。

姥ヶ岳までは順調だった。ほかの登山客とも会話を交わし、観光客に相応しい、いかにもの山行を楽しんだ。

様子がおかしくなったのは、昼を過ぎ、川と呼ぶにも至らないせせらぎを飛び越えた辺りからだった。

そこで休憩している最中、私は仰ぎ見た登山路を下ってくる人に気がついたのだ。

「あとから誰か来てるから、あの人が行ったら出発しよう」

木の間から見えたのは、ひとりの中年男性だった。今時、白いチューリップハットを被り、小さめの白いリュックを背負っている。白い衣装を身につけるのは、信仰者ではよくあることだ。私は彼をそういった信仰登山の中のひとりと判じた。

しかし、いくら待っても、その男性は私達の前に現れなかった。

「来ないなあ」

「おかしい。もう二十分、待ってるよ」

いい加減、こちらも出発しないとならない時間だ。

「まさか、谷に落ちてたりして」

「落ちるようなところはないでしょ」

「けど……確かに、いたよねえ？」

私の言葉に、S美が強く首を振る。

「私はそんな人、見てないわ」

またか。

ともかく、我々は遅れた分を取り戻そうと、ペースを上げて歩き始めた。ところが、下りても、下りても、下りても――一向に山道が終わらないのだ。

険しい岩場が蜿蜒（えんえん）と続く。

それなりの時間が掛かっているのは、時計と、日の傾きと、足の疲れから承知している。もう、二時間歩きっぱなしだ。なのに、山から出られない。

妙だ。いや、変なのは、長すぎる登山路だけではない。時計が三時を回った頃、私はもうひとつ、釈然としないことに気がついていた。

　――誰にも会わない。

　山頂に、あれだけの人がいたのに。途中、何組ものパーティを追い抜かしたはずなのに。

　あのせせらぎを越えて以降、チューリップハットの男を見て以来、私達は誰にも出会っていない。

　道を間違えたのか。

　あり得ない。間違えようのない一本道だ。

　なのに、どうして、夕暮れがもう迫っているのに、湯殿山に出られないのだ。

　重苦しい緊張が募(つの)ってきた。気がつくと、私はお守りを握って祈り始めていた。

(お願い。出して。山から出して)

　その願いが届いたのか。それから尚も一時間ほど歩いたのち、突然、目の前の景色が開けた。

「着いたあ……！」

　もう、膝がガクガクだ。

　山道の終点は仙人沢。そこには、山で亡くなった行者達を葬る墓地がある。どちらが誘うでもなく、我々はふらふらとそこに入っていって、中央にあるお堂に合掌した。

途端、高い音がして、私のリュックから、熊避けにつけていた鈴が転がり落ちた。紐は切れていない。にも拘わらず、鈴だけが落ち、ひとつの墓の前に留まったのだ。その鈴は以前、観音巡礼をしたとき、買ったものだった……。

私達は顔を見合わせ、これもどちらが言い出すでもなく、鈴の止まった墓に手を合わせた。

理由も理屈もどうでもいい。ただ、これでもう、道は終わった。山から逃れられたのだ。そう考えたのは確かなことだ。

振り向くと、団体らしい登山客が列をなして、山を下ってきていた。先に進むと、姥ヶ岳で会ったご婦人が、目をしばたたいて声を掛けてきた。

「あら。今、下山？　遅かったわね。どこで追い越したのかしら」

笑ってごまかす以外、方法はない。

まあ、いい。戻れたのだから。

ちなみに――。

月山にて、過去、神隠し的行方不明者が多く出ていると知ったのは、東京に戻ってのちのことだった。

其ノ二

神像の話

別に怖い目に遭おうと思って、旅をしているわけではないのだが、ときどき、仰天するような事態に遭遇するのは確かだ。

そのときも、私は単純に、某県にある某寺に好奇心をそそられただけだった。

寺には、古い歴史があった。

とはいえ、古刹（こさつ）というほどの規模でもなく、建物も建て替えられて新しい。観光地の中にはあるけれど、ガイドブックには載っていない。そんな感じの場所だった。

ある日、私はそこを目指した。

理由は、寺の本尊に心惹かれたからである。

古い資料で知って以来、私はその寺の仏像が記憶に引っかかっていた。いや、仏像と記すと語弊があろう。正確に言うなら、ご本尊は十二神将などと同様、仏に仕える神様だ。

毘沙門天（びしゃもんてん）様のような、名前の通った方ではない。私はその神の名を、曼荼羅（まんだら）などの平面美術以外で見たことはなかった。

そんなマイナーな神様が、木像という立体になり、寺のご本尊になっている……。

興味を抱くのも、無理はなかろう。

私は取材先で時間を作り、わざわざひとり、寺に向かった。

だが、いきあたりばったりで行ったため、お堂の扉は閉ざされていた。

通りがかった人に伺えば、この扉は祭事以外では開くことなく、一般の拝観者がその像を目にする機会もないのだという。

「扉が開いても、お像は御簾（みす）で隠されていて、お顔は拝見できないのですよ」

「御簾で？　結構、大きな像なんですか」

「かなり、大きいものですね」

尚更（なおさら）、気になるではないか。

思い出してみると、自宅で読んだ資料にも、拝観についての記述はなかった。そして、場所もぼかしてあった。

私はそこにきな臭さを感じて、文章や景色、付近の地図から、場所を割り出したのだった。

（こうなると、ますますそそられるなあ）

仏典では軽視されている神様が、何故、立派な像となり、秘仏のような扱いで祀られるに至ったのか。

幸い、旅程には余裕があった。私はその日は素直に帰り、夕刻、寺に電話を掛けた。

「そちらに是非、お参りに伺いたいのですが」

こういうときに、取材などと言ってはいけない。言葉を選んで打診をすると、予想外の明るい声で、「いいですよ」という答えが返ってきた。

――なるほど。ただ頑なに拝観を拒んでいるわけではなくて、物見遊山が嫌なのか。

信仰の場として、寺を守ろうとする姿勢は心強いものだ。

むしろ好印象を抱いて、翌日、私は寺に向かった。

到着したのは、昼前だ。

勝手口から声を掛けると、ご住職の奥様だろうか、年配の女性が案内に立った。

お堂の扉は相変わらず閉まっている。私は寺の住居部分から廊下を渡り、脇から本堂に案内された。

黒ずんだ、木の引き戸が見えた。女性はそこに指を掛けると、気遣うような声を放った。

「よろしいですか？」

「――どうぞ」

中から、女の声がした。

そして間もなく、引き戸の内から、ふたりの女性が姿を見せた。

「今、終わったところですから。どうぞ、ごゆっくり」

ふたりは私に微笑み、去った。

（一体、何が終わったって？）

面食らっている私に向かって、年配の女性も微笑んだ。

「ここの戸は閉めていいですよ。終わったら、声を掛けてください。では。……どうぞ、ごゆっくり」

彼女は頭を下げ、去った。反射的にお辞儀を返して、私は恐る恐る本堂に入った。

しんと静まったお堂の内には、私のほか、誰もいなかった。

さして広い本堂ではない。電灯が点いているために、思っていたよりも明るい。が、その壁面を見た途端、思わず、私は口を歪めた。

須弥壇の両脇に、棚のようなものがしつらえられている。そこに見事な水晶の数珠や、経本の類が、ひとつと言わず置かれていた。

見た途端、個人の持ち物であるのがわかった。何人かの人間が、常備品を置くほどに、ここに頻繁に出入りして、

(……多分、行をしてるんだ)

先ほどの、ふたり連れの顔が浮かんだ。

意識して鍛えたわけではないが、私はある種の人間に関して、鼻が利くようになっている。霊能者や拝み屋と呼ばれる人達は、見ただけで、ある程度わかるのだ。

お堂から出てきたふたりにも、私はその匂いを感じていた。

置いてある数珠の感じや、擦り切れた経からも似た匂いがした。

つまり、この寺はそういう人が日常的に集まって、何かをする場所なのだ。

だから、皆「ごゆっくり」と言い、祈禱(きとう)などが「終わったら、声を掛けてくださ い」と言ったのだ。

(どうやら、霊能者と間違えられたか)

私は失笑し、それでも、ひとりの空間をありがたくも嬉しく思った。お寺の本堂ひとり占めなど、観光では考えられない。

私は目当ての神像の前に進んで、両手を合わせた。

何はともあれ、霊能者達が頼みにするような神様だ。霊験(れいげん)あらたかに違いない。

畳に座って見上げると、思っていた以上に大きい。

しかし、何より驚いたのは、その神像の造形だった。

絵画で知ったお姿は、護法神系統の荒々しいものだった。だが、目の前の像は武器をも持たず、ただ静かに端座している。もっと正確に記すなら、椅子に座り、目を瞑り、両手を膝に置いているのだ。

（こんな神様、見たことない）

仏像や神像は、普通、御利益や働きを表すために、印を結んだり、槍や宝珠など様々な物を手にしている。なのに、この像は何も持たず、なんの形も示さない。

即ち、ただ「いる」だけで、それだけで御利益があるのだと、この神は語っているに等しい。

ある意味、最強。

段々、楽しくなってきた。

霊能者達が頼みにするのも、納得できるような気がする。いや、それもさることながら、この造形の端整で麗しいことよ。

邪魔の入らないのをいいことに、私はぼうっと、お像に見入った。

額から上を御簾で隠して、神様は静かに微笑んでいる。

そのお顔を眺め続けて――やがて、私は瞬きをした。

座り直して、神像を見て、もう一度、目をしばたたく。

気持ちが落ち着かなくなってきた。それに反して、どんどん像から目が離せなくなってくる。

(おかしい)

小さな焦りがあった。

角度を変えて見直しても、さっきとお顔が違う気がする。

目が、微かに開いて見える。

馬鹿な。

だけど、確かに違う。

見つめるほどに、神像の目はうっすらと、確実に開いてくるようだった。

息を詰めて凝視を続ける。と、伏せた双眸の隙間から、はっきりと瞳が現れた。

――赤い。

透き通った、深紅の両眼だ。

鳥肌が立つのが、自分でわかった。

彩色のない白木の神像。そこに赤色があったなら、端から気づいていたはずだ。大体、こんな真っ赤な、しかも生々しい目をした木像が、この世にあるわけがない。

あり得ない。見間違いだ。けど……馬鹿な。

思う暇にも、神像の瞼は徐々に上がってくる。

私はその双眸の美しさに魅入られながらも、像と目が合う一瞬前に、飛び上がる勢いで立ち上がった。

体が細かく震えていた。

戦きを圧して見直すと、神像の両目は閉ざされていた。

空気がしんと、重かった。

その沈黙を振り払い、私は慌てて戸を開けて、這々の体でお寺を辞した。

霊能者達が、あの寺にしげく通う理由がわかった気がした。

無闇に、お堂を開放しない理由も納得できた気がした。

あんなホンモノ、一般公開しちゃ、だめだ……。

あのときから、もう十年が経つ。

私は未だ、あの像が造られ、祀られた経緯を知らない。

しかし、それはもういいだろう。私の記憶には、くっきりと赤い瞳が焼きついている。それだけで、もう充分だ。

あのまま目を合わせていたら、一体、どうなっていたのやら。

記憶を反芻(はんすう)するたびに、強い畏怖(いふ)の念が湧き上がる。

同時に、もう一度、行ってみたい、神様と目を合わせてみたい——そんな気持ちも湧いてくるのだ。

其ノ三

沖縄の話

沖縄という地は魅力的だ。

公私の別なく、訪れるたび、そのパワーに強く惹かれる。

しかし、私はこの土地を手放しで好きとは言いきれない。なぜなら、沖縄に行くたびに、不思議で、奇妙で、そして少し恐ろしい出来事に遭遇するからだ。

聖地と呼ばれる土地に、無条件で惹かれてしまうのがいけないのだろうか。

ユタやノロというような、霊的な仕事をする人に惹かれるのも、まずいのかも知れない。

好きという気持ちは、人のみならず、動植物にも通じるものだ。だから、多分、姿なきモノ達にもわかるのだろう。現に、私の遭遇する不思議な出来事の何割かは、確実に自分の「好き」から来ている。その自覚は持っている。

沖縄の怪異も、そんな「好き」から発せられているのだろうか。とすれば、私は沖縄は大好き、と言っていいはずだ。

それが叶わないのは、多分、私が向こうのアプローチに応じきれないからに違いない。

久高島は沖縄一の聖地であり、神の島とも呼ばれる場所だ。

沖縄のみならず、世界各地に聖地と呼ばれる場所はある。しかし、聖地に濃度があるなら、久高島は多分、原液に近い場所に違いない。ここに比べれば、本土にある聖地のほとんどは、島のそれを数倍に希釈したという印象だ。

もちろん、だから本土の聖地はダメだ、などと言うつもりはない。要は日本酒ばかりを飲んでいて、それのみが酒だと思っていた人が、いきなり泡盛を飲んだ感覚だ。強い。きつい。美味しいけれど、濃厚すぎる。

ゆえ、初めて島に渡ったとき、私はその濃度に慌てふためき、怖いという気持ちしか抱けなかった。

だから、二度と行くまいと心に誓っていたのだが……。

数年前の春の頃。友人のたっての願いで、私は久高島を再訪した。

抵抗しなかったわけではない。

「あの島は、本来、遊びで行くところではない」

何度も私はそう言った。

しかし、私の気持ちの中にも、今度は少し落ち着いて、島の風景を眺めてみたい

——そんな思いが宿っていた。

大体、島の人達は普通に暮らしているのだし、最近は、ダイビングスポットとしての人気も出てきたと聞いている。

私の怯(おび)えは飽くまでも、個人的な所感に過ぎない。

(気のせいかも知れないいんだし)

少々都合よく己を説得し、我々は船で島に渡った。

島に足を着けた途端、憶えのある濃密な空気が包み込んできた。

ただ単純に清いという、鋭角的なものではない。長い時によって醸(かも)された、とろりとした圧迫感だ。

だが、今回は用心していただけあって、こちらの心にも余裕があった。

私は肩の力を抜いて、二度目の訪問ということで、島のガイドを引き受けた。

車も滅多に通らない海沿いの道をぶらぶら歩くと、やがて、イザイホーという神事を行う広場に至る。

イラブーの匂いが漂ってきた。

久高島で生まれ、島の男に嫁いだ女性は、一定の年齢を迎えると、例外なく神女となった。

イザイホーは彼女らが神女となるために行われる、島一番の大事な儀式だ。イラブーと呼ばれる海蛇は、そのとき、薫製にされて用いられる。

広場の隅には、神事に使う薫製小屋が建っている。もちろん普段は使われないため、前回、ここに来たときは、小屋の壁にしみ込んだ匂いをわざわざ嗅ぐほどだった。しかし近年、観光用にイラブーの薫製を再開したとか。

そのせいだろう。以前はなかった独特の匂いで広場は満ちていた。

そして、小屋の先、これもまた以前にはなかった施設が見えた。

『久高島宿泊交流館』とある。

どうやら民営の宿らしい。民俗史料の展示案内があったので、しばし日差しを避けるつもりで、私達はそこに入った。

ここもまた、同じ匂いがした。実際、ここではイラブーが販売されているようなので、仕方ないとは思う。けど、

(この匂いの中に泊まったら、結構、辛いんじゃないのかな)

そう思わせるほどの強烈さだ。

少し眉を寄せながら、小さな展示室を見つけて入る。中はイザイホー関係の資料で、ほぼ占められていた。

スピーカーから、神歌が流れていた。壁には神事に参加した女達の写真が貼られている。写真はすべてモノクロだ。

（いつの時代のものだろう）

イザイホーは十二年に一度、午年にのみ行われる。

しかし、一九七八年を最後に祭りは絶えてしまった。理由は神女になる条件を満たす女性がいなくなってしまったためだ。今後、再開することは不可能ではないが、難しい。

私は写真を一枚一枚、興味深く眺めていった。

と、ある写真の前で足が止まった。

長い髪を背中に流した、高齢の神女を写した写真だ。

見た途端、肌が粟立った。

今にも髪が風になびきそうなほど、その写真はリアルに思えた。そして、この上なく畏れ多い……。

眩暈がした。

スピーカーから流れる歌声が、耳にわんわん響いてくる。イラブーの匂いが迫ってきた。

私は慌てて外に出て、匂いの消えるところまで走った。

なぜ。

普通の写真だろうに。

島そのものに対する畏怖と、恐怖が甦ってきた。

私は周囲を見渡した。

光と、光に照り映える草木だけが目に映る。

人もいない。音もない。静かすぎる。

やはり……怖い。

結局、再度竦み上がって、私はまた、島をあとにした。

その晩。

那覇の国際通りで、物欲と食欲にまみれた私は、昼間の記憶を封印し、ホテルのベッドに潜り込んだ。

部屋割りの都合で、私はひとりだ。話し相手もないままに明かりを落として暫くすると、部屋の中がうるさくなってきた。

パシパシという軽い音。ドンドンという重い音。いわゆる家鳴（やな）りだが、幸い、この程度のことではもう、驚かなくなっている。

（うるさいなあ）

蠅（はえ）がいる程度の気持ちで布団を被る。そして、少しうとうとしたのか。

突然、はっきり目が覚めた。

家鳴りは既に収まっていた。部屋は静まりかえっている。

空気の色がさっきと違う。とろりとした圧迫感——え？

スッスッ……

異様な静寂を破り、軽く床を摺（す）るような足音がこちらに近づいてきた。

思わず、音の方を見る。

何もない、と思った刹那（せつな）、白足袋に草履を履いた足だけが、くっきりと闇に浮かび上がった。

昼間見た神女の写真が、ありありと甦ってきた。

写真に、足は写っていなかった。だが、私は直感的に同じ人のものだと感じた。

イザイホーの歌まで聞こえてきそうだ。

青くなって、私は体を起こした。

どうして、縁が繋がったのか。わからない。けど、単純に、そんな格の高いものに引き込まれたくないという気持ちがあった。

私は沖縄の人間ではない。

加えて、彼女ら、沖縄の神女にはとても太刀打ちできない。

動揺を抑え、気がつかないふりをして、私はそっとトイレに立った。

顔を洗って、気持ちを静める。

すっかり目が冴えてしまったが、そのお陰でなんとなく、大丈夫という気持ちになった。大体、夜が明けるまで、トイレに居続けるわけにもいかない。

(もういいだろう)

私はドアを開いた。

そしてカーペットに踏み出して、小さく息を呑み込んだ。

部屋中に異臭が立ちこめていた。

紛れもない。

イラブーの匂いだ。

——なんで？

「こ、困ります！」

とっさに、私は声を出して両手を合わせた。

「私ごときでは、どういう用件なのかもわかりませんし、ご縁を頂いても、すぐ東京に戻る身です。いずれにしても何もできません。申し訳ございませんが、お引き取り下さい！」

ひとり部屋で、本当に良かった。他人が見たら、ついにアイツ、と思うほどの変人ぶりだ。

しかし、私は必死だった。

神女の意図が好意からでも、悪意からでも、頼み事でも、私には本当に何もできない。

懸命に両手を合わせると、しばしして、ふっと匂いが消えた。部屋の空気が軽くなる。

良かった。

話が通じたようだ。

口から、大きな吐息が漏れた。

私はポットでお湯を沸かして、コーヒーを淹れて、夜明けを待った。

この一件が、例の写真と関係しているかどうかは謎だ。
写真で見た女性の生死すら、私は知らないままなのだから。
だが、久高島の神女は凄腕だ。久高島は神の地だ。何が起きても、不思議ではない。
私はそう考える。
そして、やはり、沖縄は好きだけど怖い土地だと思う。

其ノ四

侍の話

新刊の打ち合わせをした帰りだった。

たまには景色のいいところで、と、新しいホテルの高層階で話をしたのち、私と編集者はぶらぶらと長い坂を下っていった。

開放感のある道だ。ホテルの敷地かどうかは知らないが、私はこの場所が元々、徳川家菩提寺（ぼだいじ）の境内（けいだい）に含まれていたことを知っていた。

隣接した寺を訪れたことは、過去に何度かある。しかし、ホテルから続くこの坂を歩いたことは一度もなかった。

新しいホテルが建つに伴い、整備された場所なのだろう。植え込みのブロックや敷石にはまだ、雨染みひとつついていなかった。

たわいない四方山（よもやま）話をしながら、私達は駅に向かっていった。と、突然、背後から、私の肩に手が置かれた。

ぽん、と音がするような、親しみを込めた手の置き方だ。声があったら、「やあ」とでも言っていただろう感覚だ。

当然ながら、私は振り向く。と、

——お侍が立っていた。

浅葱色の霰小紋に、裃という正装だ。年の頃はまだ若い。つるんとした面長に、細すぎるほどの切れ長の双眸。眉は薄く、鼻梁は細く、青々とした月代に、江戸好みの細い髷が少し傾いて載っている。

絶句し、私は目をしばたたいた。

影は一瞬にして消え失せた。男が肉体を持つ者でないことはすぐに理解した。

夕刻が迫っているとはいえ、外はまだ充分、明るい。風は爽やかで、道は新しく、我々はケーキにご満悦だった。なのに、侍の幽霊がなにゆえ、いきなり出てくるか。

私は顔を前に戻して、何も言わずに歩き始めた。幸い編集者も気にしていない。こういう場合は「なかったこと」にするのが一番の対応策だ。

幹線道路まで進み、私はにこやかに連れと別れた。そして、地下鉄の入り口を目指し、

（ダメだな）

と、息を漏らした。

視界から失せはしたものの、男の気配は無くならなかった。肩に微かに、手の重みがある。このままでは、自宅まで連れ帰ることになりそうだ。

私は少し悩んでから、先ほどの坂をまた上っていった。肩に手を置かれたところに戻ったら、離れるかも知れないと考えたのだ。

侍の姿が現れた辺りに行って、立ち止まる。術もなく周囲を見回すと、脇にあった植え込みの陰に、小さな石があるのが見えた。

「勅額門跡」云々とある。どうやら、余所に移築された勅額門の跡らしい。

へえ、と感心したものの、肝心の気配はまだ失せなかった。時計を見ると四時前だ。幸いというか、こののちに差し迫った用事もない。

なら、いいだろう。

(どこか行きたいところがあるなら、少しの間ならつきあうよ)

私は心の中で呟いた。

もちろん、毎度毎度、幽霊なんぞに親切にしているわけではない。ただ、この侍の気配には悪意や憎悪は感じられなかったし、正直な話、興味もあった。

あんなにはっきり姿形が見えるのは、私には滅多にないことだ。しかも、本物の武士なんて、今の世、お目にかかれない。

(どうせなら、ちゃんと全身を見たいなあ。刀の下げ緒はどう処理しているのかな。袴の紐は？　下の着物は？　あの髷は本多髷というやつか？)

脱がして、着せて、お江戸の事情を事細かに聞き出したい。

理不尽な取材欲に駆られていると、遠方に視線が惹きつけられた。坂の上が妙に気に掛かる。

そこまでつきあえということか。

惹かれるまま坂を上がっていくと、脇に抜ける鉄の門扉が見えた。鍵が開いていたので、潜って進む。

着いた場所は、今どきの普通の小さな墓地だった。

幽霊と墓という組み合わせは、あまりに常道でありきたりだ。が、時代が食い違っている。その齟齬に眉を寄せながら、尚も進むと、少しして歩調が自然に緩んで、止まった。

四角い墓石が並んだ先、現れたのは徳川家の霊廟だ。

侍はここに来たかったのか。

黙って両手を合わせつつ、私は密かに首を傾げた。

幕臣として、徳川家の霊廟にお参りしたい気持ちはわかる。が、ここなら、わざわざ私を連れて来るほどのことはないはずだ。それとも、何かひとりでは入れない事情があるのだろうか。

（でもまあ、いいや。気が済んだなら）

私は呑気に考えて、顔を上げて歩き始めた。そして、数歩進んだのち、うっと息を詰まらせた。

侍は消えていなかった。それどころか……人が増えている!?

位のある女性の気配がした。件の武士のほかにもうひとり、別の男の気配もある。それが私のあとにぞろぞろ付いてくるのがはっきりわかる。

やられた。

だが、もう仕方ない。

再び足の向くままに、霊廟を抜けて歩いていくと、増上寺の本堂に出た。そこにお参りして、頼んでみても、背後のご一行様が離れてくれる様子はなかった。

本堂を出て、私は歩き回った。

気の向くままというよりは、背中の気配に集中し、彼らの行きたいところを探っていく感覚だ。

迂闊にも、最初、つきあうと言ってしまったのは私だ。人数が増えたのはどうかと思うが、責任は取らねばならないだろう。場合によっては大事になる。しかし、私は何となく、彼らの目的地はこの近辺に揃っているという確信があった。

予想は半分、当たっていた。

本堂を背に左に進むと、小さなお堂が見えてきた。額に「西向観音」とある。そこに手を合わせると、女性の気配が消え失せた。

（ここに来たかったのか）

ひとつ頷いて、また歩く。取り憑かれているようなものなので、どこに行くのか、見当も付かない。

境内の隅まで歩いていくと、今度は鳥居が現れた。

熊野神社だ。こんなところに神社があるとは気づかなかった。鳥居の真向こうに東京タワーが聳えているのが面白い。

案内人がいるというのは、こういう発見に繋がるわけだ。

少し愉快に感じつつ、手水を使って柏手を打つと、もうひとりの男の気配が失せた。やはり、彼らは自分ひとりでは歩き回ることが叶わないのか。そちらの事情はわからない。けど、自分の取った方法が間違っていなかったのは喜ばしい。

残るは、最初の侍ひとり。

変なものを背負っているせいか、私はやや疲れてきていた。さっさと済ませて、帰りたい。

先に、和風の茶店が見えた。いっそ、この場所で休憩し、座って足を休めたい。そう思ったが、生憎(あいにく)、店は既に暖簾(のれん)を片づけていた。

がっかりだ……。

なんだか後ろの侍も、がっかりしているような気がする。

(まさか、お茶を飲みたかったとか言わないでしょうね)

目的が果たせなかったら、どうなるのか。一瞬、ゾッとしたものの、後ろの気配に変化はなかった。私はまた適当に歩き始めた。

境内をぐるりと一巡し、最後に着いたのは、参道の手前にある鐘楼(しょうろう)だった。その近くに至った途端、私は進む気を失った。

どうやら、ここが目的地らしい。しかし、背後の侍の気配は消えて無くならなかった。困惑したまま、立ちつくす。

と、暫くすると、黒衣の僧侶が五時の鐘を打ちにやってきた。

私を含めた数人の参拝客に見守られ、僧侶は礼拝し、鐘を撞(つ)く。

低く、長く、尾を引いて、美しい音色が響き渡った。

（ああ。これを聴きたかったのか）

背後の気配がなんとなく、満足げに思われる。

鐘を撞き終わり、僧侶は再びしずしずと、本堂の方に去っていく。

もう閉門だ。境内はほとんどくまなく歩いたし、侍も満足したようだ。

私も門を出て帰ろう。

そう考えて、歩き始めて、私は再び、足を留めた。

——離れていない。

どうしてだ。

増上寺の中はもう、隅から隅まで回ってしまった。最後の希望を託して門から出ても、やはり、気配は消え失せない。

そりゃないだろうという気持ちになった。

連れ帰るのが嫌だから、私は彼につきあったのだ。なのに、これでは意味がない。

さすがに焦りが湧いてきた。次いで、腹が立ってきた。

もちろん、境内を巡れば消えるという、約束や法則があるわけではない。この場で決着がつくと考えたのは、私の希望と推理でしかない。

しかし、私は生きていても、死んでても、しつこい男は嫌いなのだ。

私は寺をあとにして、地下鉄の入り口に向かっていった。

このまま帰るつもりはない。自宅に連れ帰るのは、絶対、避けたい。だが、どうしたらいいのだろう……。

方策もないまま歩いていくと、道の脇に鳥居が見えた。

私はその神社を知っている。

東照宮だ。

(ここならイケる!)

反射的に考えて、私は慌てて鳥居を潜った。

早足で石段を上っていって、手水、お賽銭、二礼二拍手、祈願、一礼。

一瞬にして、気配が消えた。

顔を上げて、思わず、私はふんと鼻でせせら嗤った。

ざまあみろ。

「いくら頑張ってみたところで、所詮、徳川の一家臣。神君家康公の前では、そう我が儘も言えまいよ」

まあ、ここまで引っ張ったのは、自業自得なのだけど……。

数日後。

私は友人にその話をした。

興味深い体験だったが、やはり行きずりの幽霊なんかに親切にするものではない。

もののわかったふりをして言うと、友人は呆れた顔で笑った。

「あんたさあ。それ、ナンパだよ」

彼女はきっぱり言い切った。

「は？」

「だって、思い出の場所に連れていって、茶店に行って、暮れの鐘の音に聞き入るなんて、完全なデートコースじゃない」

「…………」

言われてみれば、確かに。

し、しかし。

幽霊にモテても嬉しくない。

というか、しつこい男は、私は嫌いだ。生きていても、死んでても。

其ノ五

霧の話

実は、私はこの話をうまく記せる自信がない。

感情というものは主観的であり、ごく個人的なものである。

恐怖も然り。甲が怖いと思う話を乙が怖がるとは限らないし、乙の恐怖を百パーセント、甲が理解できるものでもない。同じものを見ても、同じ感情を抱けないのが人の心だ。

ましてや、具体的に記せる現象もない――感覚だけの恐怖がどこまで、他者に伝わるものなのか。私はまったく自信がない。

その高原はスキー場としては知名度があるが、夏の行楽地としては、最早、流行遅れの場所だった。

幼い頃の夏、両親と共に、私はここを訪れた。当時は代表的な避暑地のひとつで、新しいホテルや旅館が並び、大学生や団体旅行の集団が沢山遊びに来ていた。だが、数十年経った今、ピカピカだった建物はそのままの姿で古くなり、人影はめっきり減ってしまった。

変わらないのは風景だけだ。

私はそれを懐かしいような、切ないような気持ちで見つめた。

さすがに記憶が曖昧なのだが、両親と共に来たときは、主にバスで移動できる範囲で遊んでいたと思う。しかし、今回、私と連れは山に登ることを繰り返した。「繰り返した」と記したのは、日帰りコースの手軽な山がその高原を囲んでいて、毎日、違う名前を持った山の頂に立てたからだ。

日程は三泊四日だ。その三日目、我々は山頂に湿原を持つという山に向かうことにした。

有名な山でもなく、それでいて、きちんとした登山の用意がないと、少しばかり厳しい山だ。道の途中、元々少ない行楽客と出会うことはほとんどなかった。

我々は一面のお花畑と変じたスキー場を独占し、上機嫌で標高を稼いだ。

頂上が近づいてくるにつれ、次第に木々が勢いを増し、見通しが悪くなってくる。そのうち木道が現れて、触毛を赤く光らせた毛氈苔の群生が木道の脇を飾り始めた。

再び視界が明るくなると同時に、湿原が現れる。

想像していたより、ずっと広い。夏の日差しに様々な湿生植物の花や葉や、水の面が反射して、清々しいのひと言だ。

感動しながら奥に進むと、半島のように張り出した土の上に松が茂って、そこに名前のわからない小さな石の社があった。

もちろん、ご挨拶は欠かさない。

「この辺りで」とリュックを下ろして、昼食の支度に取りかかる。と、先に来ていたふたり連れが、入れ違いに山を下っていった。

――誰もいない。

こんな贅沢な風景をひとり占めできるなんて、最高だ。我々は幸運を噛み締めて、はしゃぎながら食事を摂った。

霧が出てきたと知ったのは、食後のコーヒーを淹れた頃だった。

湿原から光が失せたと感じた瞬間、さあっと風が頬を撫で、霧が低く流れていった。

爽やかだった夏景色が、一瞬にして幻想的なものへと変わった。

へえ、と目を瞠る間にも、霧は次々と流れてくる。それに伴い、風景もめまぐるしく表情を変える。

美しい。

しかし、時が経つに連れ、私は落ち着かなくなってきた。根拠のない恐怖が湧いた。同時に——これも理由はないのだが、この湿原は何か秘密を隠している、そんなことを考えた。

なぜ、ここはこんなに美しいのか。

手を合わせた、石の社はなんなのか。

知りたい。怖いけど、見たい。

きっと、美しくも残酷な伝説が潜んでいるに違いない。

そんな思いを巡らせながら、陶然(とうぜん)と霧を眺めていると、彼方(かなた)で、低く、何かが唸(うな)った。

「雷だ」

連れが慌てて腰を浮かせた。山の上の雷ほど、恐ろしいものはない。けれど、私は黙って座り続けた。

(雷ではないのではないか?)

そんな気持ちがどこかにあった。

この霧の向こうに隠れている、ナニカが吼(ほ)えたのではないか?

今思えば、安っぽい想像だが、そのときは純粋にそう考えた。だから「声」がもっと近づき、朧にでも「姿」を見せるまで、私はそこにいたかった。

（いれば、きっと何かがわかる。この美しさの秘密がわかる）

私はなぜか、確信していた。

結局、連れに急かされて、妄想はそのままになってしまったが、山を下りている間もずっと、私は後ろ髪を引かれ続けた。

しばし下って振り向くと、渦を巻いていた霧は消え、空は晴れ上がっていた。

（やっぱり、あのとき待っていれば）

本当に、私は残念だった。

——その気持ちを引きずったのか。

夜、うとうとすると、夢を見た。

私はあの湿原の木道にひとりで立っていた。時刻は夜だ。空に月が輝いている。湿原は月光に濡れている。その上を薄い霧が流れて、光と闇が落ち着きなく交錯しては形を変える。

私はそれをただ見つめている。

と、前方に茂った木が揺れて、見事な角を持つ牡鹿が一頭、ゆっくりと姿を現した。

牡鹿は一瞬、空を見上げて、躊躇(ちゅうちょ)なく湿原に踏み込んでいく。脚が膝辺りまで水に浸かった。その膝をゆっくり折り曲げて、牡鹿は水の中に倒れた。

脚が痙攣(けいれん)し、やがて止まった。

牡鹿はここまでやってきて、力尽きて死んだのだ。半身を水に浸けたまま、彼はもう、ぴくりとも動かない。

私はそれをただ、見ている。

少しすると、鹿の躰(からだ)が変化し始めた。ぐずぐずに膨れて腐敗して、皮が縒(よ)れ、骨が見え、最後に骨格そのものが崩れて水に沈んでいく。湿原はそれを呑み込んで、再びしんと静まった。

夢は、まだ終わらなかった。

黒い水ばかりだった湿原に、ほつほつと緑の芽が吹き始めた。

植物は勢いよく育っていく。身を捩(よじ)らせて天を目指して、茎を伸ばし、葉を広げ、色とりどりの花を咲かせる。月光がそれらを際立たせ、風が花弁をちらちら揺らす。美しい。そうして、なんて恐ろしい。

——はっと、私は目を開けた。

部屋の空気が重苦しかった。私は起きあがって煙草(たばこ)を吸って、気を落ち着かせてからベッドに戻った。

夢に引き込まれた途端、私はまた、夜の湿原に立っていた。

月がある。霧がある。牡鹿が出てくる。死んだ。消えた。花が開いた。

再び、私は目を覚ました。それから、水を飲んで寝た。

しかし、うとうとすると同時に、また、あの夢がやってきた。

私は何度も起き、何度も眠った。

あとで数えると、四、五回は同じ夢を見たようだ。その最後のとき、花の揺れる湿原を見つめながら、私は気づいた。

「ああ、そうか。これが湿原を知る方法なんだ。死んで、湿原の一部になれば、本当のことがわかるんだ」

刹那、景色が変化した。

私は湿原の縁に立っていた。

木道はなく、周囲は暗い灌木だ。目の前、水が間近にある。私は木の葉を少し揺らして、一瞬、天上の月を見上げて、躊躇うことなく、湿原の水の中に脚を入れ……。

そこで飛び起きられたことは、本当に幸いだったと思う。

ベッドの上で、私は自分の手を見た。

鹿ではない。人間だ。人間で、きちんと生きている。

安堵と同時に、「誘われたな」と、私は小さく呟いていた。

あの湿原は、私の気持ちをきちんと受け止めてくれていた。だから、きちんと真実を知らせようと誘ってくれたのだ。

悪意は感じない。むしろ、好意を寄せてくれたのだろう。だが、一介の人間にとって、その誘いはあまりにも純粋で、加えて、残酷過ぎた。

気づくと、体の芯が冷え切って、ちりちりと戦慄(わなな)いていた。

かつて、味わったことのない恐怖があった。

それは今も残り続けて、これを記している最中も、数度、身震いをしたほどだ。

たかが夢。けれども、私は死の淵(ふち)を覗(のぞ)いてしまったような気がする。

この恐怖がどこまで伝わるか、私は自信を持ち得ない。けれども、この感覚を私は忘れないに違いない。

おかしな話だが、この夢以降、私は自然、ひいては神というものに、人の善悪・吉凶は通じないという確信を持った。

我々は自然に生かされている。だが、その自然は人の尺度で測りきれるものではない。人智の及ばぬ感覚と感性が、世界には存在している。

そして、その中での死というものは、牡鹿が花に変化するための一過程に過ぎない

——と、そんな宗教的な考えをも抱くようになったのだ。

其ノ六

暦の話

カレンダーはほぼ毎日見ている。

だが、いつから自分が旧暦やら節気やらを意識し始めたかは憶えていない。

多分、最初は桃の節句の雛祭りから入ったに違いない。そののち、節分の豆撒きや冬至の柚湯を教わって、暦に則った年中行事を身につけていったのだろう。

私はこういう伝統的な行事をしっかりやるのが好きだ。

だから毎年、年末年始はてんてこ舞いの騒ぎになって、やっとひと息つけるのは、一月七日の七種粥を食べ終わったのちとなる。

何もへとへとになるまで大掃除をして、お節の用意に奔走する必要はない——。親までが呆れるのだから、この感性は親から子供に引き継がれたものでもないようだ。なのに、節気・節句が近づくと、そわそわ落ち着かなくなってくる。

陰陽道によると、大晦日をはじめとした季節の境目は、陰と陽、この世とあの世の入り交じる不安定な日だという。

いわば、ふたつの安定した大地を繋ぐ、細い橋の上にいるようなもの。橋の下の流れは日常の裂け目を流れる厄水（やくみず）で、飛沫（しぶき）を浴びたり、万が一落ちてしまったら、命をも奪われかねない。

だから、その用心のため、三月三日には魔除けの桃を飾って、厄を移した人形を流し、五月五日は病魔を祓（はら）う鍾馗（しょうき）様にお出まし願い、破邪の剣（つるぎ）ともなる菖蒲（しょうぶ）を湯に入れ、香気に身を浸すのだ。

もっとも、新旧の暦が入り交じった現代では、植物の季節も違うため、今ひとつ説得力に欠ける気もする。

だが、元々暦というものは、天体の運行を観察した人間が考え、意味づけしたものだ。当事者が日付と意味をずらせば、付随する吉凶のもろもろも従うのではなかろうか。私はそう考える。

なぜなら、新暦に従った行事の中にも厄が潜んでいることを、確認してしまったからだ。

実感したのは、ここ数年だ。

きっかけは、仕事場として借りたマンションにて、初めて節分を迎えたときだ。

「いい年した大人が、大声で豆を撒くなんて恥ずかしい」

そう言われたこともあるけれど、私は毎年、豆を撒く。

借りたマンションでも同様だ。

迷信深い上に臆病なので、マンションを借りるときはかなり用心したつもりだった。しかし、賃貸の性（さが）というべきか、どうしても過去の住民達の気配は払拭（ふっしょく）しきれなかった。しかも、気にくわない類の気配だ。

ゆえに、仕事場での初豆撒きには、かなり気合いが入っていた。

ドアと窓を開け放ち、一応、下に人がいないのを確かめた上、

「鬼は外！」

と声を張り上げる。

豆がバラバラと床に散らばる、その瞬間のことだった。

当日の青天からは考えられないほどの強風が、どっと部屋を通っていった。同時に真っ黒い影が、目の前を過（よぎ）って飛び出したのだ。

人の姿はしていなかった。黒い靄（もや）のような、けれども、有機的な気配を纏（まと）ったナニモノか……。

私はそれを確かに見た。

そして、気づいた。

（部屋が明るい）

気のせいではなく、まるで古かった蛍光灯を替えたごとくに、室内はくっきり美しい。

私は一瞬息を呑み、慌てて豆撒きを再開した。

やはり、豆には破邪の力が籠もっているのか。

今までも、この行事を怠ったことはなかったが、真実、効果を実感したのはそのときが初めてだった。幽霊とも言い難い厄らしきモノの姿を見たのも、初めてだったかも知れない。

チャンネルが繋がるというか、こういうモノは一度確認してしまうと、似たようなモノに遭遇する機会が増える。

二年ののち、私はまた、節分の鬼らしき影を見た。

やはり仕事場での豆撒きを終え、買い物に出かけようとしてドアを開いたときだった。

外廊下の先に広がる町に、巨大な……闇色の……禍々しいモノが歩いていた。

プラド美術館蔵の『巨人』そのままだ。

私は慌てて戸を閉めて、一時間ばかり家に籠もった。

無論、その正体がなんであるかはわからない。ただ、私はそれを不吉と感じたし、節分という「時の裂け目」に現れたものだと推理した。

（大丈夫。家にはやってこない）

私は確信しながらも、影に行き合うのが恐ろしく、暫く部屋に居続けた。

あんな巨大な人影を目にしたのは、あとにも先にもそのときだけだ。しかし、似たようなモノは大晦日の晩にも見たことがある。

正月支度を調え終えた窓の外、小さな、やはり黒い影がちらちら横切っていくのが見えた。それを暫く眺めていると、突然、黒い人影が逆さに我が家を覗き込み、あれ、と思う間に消えたのだ。

明くる元旦は、年神様が各家庭にやってくる日だ。松はそのための依り代で、鏡餅は供物となる。だが、神を迎える準備がないと、年を分ける裂け目から噴き出してきたモノ達が入ってくるのかも知れない……。

髪を逆立てた影を見たとき、私はそんなことを思った。

冬至の晩に見たモノも、かなり印象的だった。

机に面した窓のロールカーテンは、大概、半分巻き上げてある。

私はいつも外の景色を眺めながら、仕事をするのだ。

その晩も、私は夜空を見ていた。

と、突然、何十羽もの鳥影が、群れをなして北から南に羽ばたきながら過っていった。

鳩(はと)をひとまわり小振りにしたほどの大きさだ。

全身が黒い、といっても、鴉(からす)のような感じではなく、影絵のごとく厚みがない。

それが長い隊列を組み、音もなく空を過ぎていく。

さほど、禍々しい感じはなかった。とはいえ、関わりたいモノでもなかった。

私はそれを目にした刹那、冬至だからな、と呟いて、

(ちゃんと柚湯にも入ったし)

ひとりで、ホッと頷いた。

柚子は太陽という陽気の代替品。一年で一番太陽の力が衰える冬至の日、我々はその陽気を柚子で補う。

柚湯に入ると風邪(かぜ)を引かないと言われるわけは、陰気満ちる寒風の「邪」を陽気で祓ってしまうからだ。

豆撒きも柚湯も、いわば、年中行事という名前を冠した迷信だ。

だから、行う必然性は見あたらないし、行わなくても咎められるわけではない。

しかし、時の狭間に現れる魔物・厄神は存在している。

旧暦が新暦に変わっても、来るべき厄はやってくる。

そして、我々は古から、その厄に対抗する手段をきちんと、行事の中に盛り込んでいる。

私はそう考えている。

脅かしているわけではない。

年中行事は単純に、イベントとして楽しめばいい。

その結果、風邪も引かずに冬を越し、一年が穏やかであるならば、幸いなことではないのだろうか。

其ノ七

嵐の夜の話

「幽霊慣れしているでしょう」

ときどき、言われることがある。

確かにもう、金縛りくらいでは驚かないし、通りすがりにおかしなものに遭っても、またか、と思う程度で終わってしまう。

しかし、慣れと怖いは別だし、慣れているからといって、うまく対処できるわけでもない。

〃ヤツら〃はいつでも、どんなときでも、こちらを出し抜こうと窺(うかが)っている。そして、私は他人が思っているよりも、易々(やすやす)とそれに引っかかり、引っかかったが最後、為す術もなく、それに振り回されるのだ。

二〇〇五年八月二十五日。

大型台風が接近していた。

ニュースが不安を煽るので、私は外出予定をキャンセルし、一日中仕事場に籠もっていた。

だが、昼間は風も強くなく、雨もぱらつく程度で終わった。本格的に荒れてきたのは、午前一時を回った頃からだ。

激しく吹きつける雨風がほかの音をすべて消し、否応なく台風気分を盛り上げてくる。私はパソコンに向かいつつ、取り込み損ねたベランダの植木ばかりを心配していた。

——と、いきなり、すべての電気が消えた。

停電だ。

私は用意しておいた懐中電灯を手に取った。円い明かりだけを頼りにブレーカーを確認しに立つと、外の景色が視界に入った。

黒いような雨に揺らぎながらも、街灯も、ほかの家の電気も皆点いている。

我が家だけ?

運の悪さを嘆きつつ、ブレーカーを確認すると、スイッチは全部、オンの状態のままだった。それらをすべて一旦切って、ブレーカーを入れ直す。しかし、明かりは戻らなかった。

漏電の危険を感じながら、私は何度かブレーカーのスイッチを上下に動かした。すると、今度は突然、インターホンがけたたましい警戒音を響かせた。

我が家のインターホンには、ガス漏れ感知機能がついているのだ。

しかし、まさか。

事故の危惧より、音の大きさのほうに怯えて、私はインターホンに駆け寄った。スイッチの切り方がわからずに、とっさにインターホンの受話器を外す。

音は止まらない。

暗い中、解除スイッチを見つけたのは、三十秒ほど経ってののちだ。静寂を取り戻した室内で、私は肩で息をつき、手にしたままの受話器を耳に当てた。

なぜ、そんなことをしたのだろうか。

理由はまったく憶えていない。

ただ、ぼんやり耳を当てると、雨と風の低い唸りが受話器の向こうから響いてきた。

(なんか、変だ)

私は思った。

(何かわからないけど、変な感じだ)

外の様子が気になった。

本当に、停電は我が家だけなのか？

雨に打たれているだろう、インターホンはどうなっている？

漏電って、インターホンの？

自覚していた以上に、焦っていたに違いない。私は小走りで玄関に行き、躊躇いもなくドアを開いた。

——そのときの光景は、今でも目に焼きついている。

コンクリートの三和土の上に、足形がひとつ、付いていた。

濡れた足跡ではない。逆だ。そこだけ白く乾いている。

雨の降る前から、誰かがここにじっと立っていたように。

それも、左足一本で……。

息を止めたまま見下ろす視界で、足跡はみるみるうちに黒い雨染みを増やして、消えた。

あとじさりして、私はドアを閉ざした。

同時に、一ヶ所を除いて電気が戻った。どうやら明かりが点かない場所は、本当に漏電しているらしい。

「参ったな」

わざと声に出しながら、私は該当箇所のブレーカーを落とした。

それから熱いコーヒーを淹れ、携帯電話を手に取った。

こんなときは誰かに話して、笑い話にするのが一番だ。しかし、時刻は二時近い。この時間、起きているのは同業者くらいのものだろう。

私はまず、Aに電話を掛けた。繋がらない。もう、寝たのだろうか。

次に、Sに電話を掛けた。彼女なら絶対、起きている時間だ。しかし二度掛けたものの、彼女も電話に出なかった。

Hに電話する。留守電になっていた。私はメッセージも入れずに電話を切った。

足跡が脳裏から離れなかった。空気が重い。あいつは……絶対、入ってきている。

募ってくる緊張を敢えて無視して、私はパソコンに向き直った。仕事をする気分ではない。ネットでもして、気を紛らわそう。だがしかし、なぜかインターネットの回線も繋がろうとしなかった。

〝してやられる〟とはこういうことだ。

このまま、無事に夜明けが来るのか？

茫然（ぼうぜん）と椅子に座っていると、しばしして突然、電話が鳴った。

飛び上がって相手を確認すると、先程、留守電になっていたHだ。私は縋りつくごとく、電話を両手で抱き取った。

「こんな嵐の夜に、どこ行ってたの?」

我ながら、声が甲高かった。

「いや、ほんの十数秒部屋を出ていただけだった。電話のベルも鳴らなかったし。でも、なんか変な感じがしたから、着歴見たら……」

勘の良い友人は有り難い。

口から溜息が漏れた。

事情を話し始めると、頭が痛くなってきた。無視して話し続けていると、今度は玄関近くから、何かが暴れているような、荒く激しい音が聞こえた。

私は無視した。無視し続けた。そして、三十分も電話を続けた頃、俄(にわか)に風の向きが変わって、雨の音が変化した。

部屋の空気が、元に戻った。

私はHに礼を言い、電話を切って眠りについた。

別に、悪い夢は見なかった。

——台風一過。

足跡はすっかり消えていた。

私は早速、電気屋を呼び、漏電箇所を調べてもらった。

電気屋はすぐに目当てをつけて、換気扇のフードを外し、そして、驚きの声を発した。

「どうしたんですか」

「水浸しです。だけど、ここに雨が吹き込むはずはないのに」

「へえ。変ですね」

私は神妙に頷いた。

結局、水の侵入路は発見できないままに終わった。

私は業者が帰るのを待ち、AとSに電話を掛けた。

昨晩のことを尋ねると、ふたりは私が電話を掛けたそのときのみ、ほんの十分、あるいは数分、その場にいなかっただけだという。

Hも同じことを言っていた。ああいうときの運というものは、そこまで不利に働くものか。

昨晩の体験談を聞き、友人達はそれぞれ不審を口にした。

「なんで、塩撒くとか、お香を焚くとかしなかったの？」

「お化け慣れしているはずのアンタが、ドアを開けるなんて信じられない」

私自身、信じられない。

しかし、実際、あのときは何も思い浮かばなかったのだ。取り憑かれるとか、魔に魅入られるということは、ああいう状態を指すのかも知れない。

なぜ、インターホンの受話器を耳に当てたのか。

なぜ、扉を開いてしまったのか。

やってきたモノは、何だったのか。

未だ、私にはわからない。

理解できるのは、嵐の夜に感じた恐怖は、本物だったということだけだ。

其ノ八

記憶の話

ときどき、自分の記憶を疑う。

すごく印象的だった出来事が、後日、まったくの別物にすり替わってしまうことがあるのだ。

確かに、記憶力は悪い。近所の人の顔と名前が、未だに一致しないくらいだ。知人曰く、対象に興味がないから忘れるのだ、と。だとすると、大好きな場で、美しいものに出会った記憶まで変わってしまうのはなぜなのか。

まったくもって、理解できない。


――「私、最初に四国に来たとき、印象的なことがあったんです」

去年、四国に行ったとき、旅館の炉端で、私は話した。

古い旅館のご主人は同行者の知り合いで、今回の旅の案内を買って出てくれた好人物だ。加えて、類は友を呼ぶの言葉そのままに、私も連れもご主人も皆、神秘的なことや神仏の話が大好きだった。

殊に、四国はそういう話がどこにでも転がっている。私達は囲炉裏を囲みつつ、幽霊話から祟りや呪い、狐に化かされた話まで互いに披露して楽しんだ。

私がその話をしたのは、そろそろ酒が回ってきて、ほかの宿泊客達が席を立ち始めた頃だった。

「ご承知のとおり、私はお寺や神社が大好きだから、初めて四国に来たときも、そんなところばかり回ってたんです。別の取材の帰りでね。ここまで来たのにもったいないって、私はひとりで延泊をして、あちこち歩いたんですよ……」

あまりに欲張りすぎたため、正確な地名は忘れてしまった。ただ、そこは四国に数多い弘法大師所縁の場所だった。

と言っても、札所とは違う。空海が修行したという伝説のある洞窟だ。

そう言うと、室戸岬を思い浮かべる人も多いだろう。しかし、私の旅の定石どおり、その場所は観光地でもなく、ガイドブックにも載っていなかった。

今、考えると、真言宗や観光協会には認定されていない場所だったのかも知れない。

私が行き当たったのも、たまたま道を歩いていたら『弘法大師御霊蹟』という、矢印のついた看板を見つけたからにほかならない。

時間に余裕のあった私は、軽い気持ちで矢印の示す道に入っていった。

道は舗装もされておらず、進むほど細く、きつい坂になってきた。人家が途切れたその先は、もう完全な山道だ。

私はまたか、と苦笑しながら、せっせと距離を稼いでいった。

行き当たりばったりで行動すると、こういうことはしょっちゅうだ。顔にかかる蜘蛛の巣を払いつつ、黙々と道を上っていくと、やがて視界がぱっと開けて、草の茂った平地に出た。

喘ぐ私の目の前を、車道が横切っている……。

ま、まあ、こういうことも、よくある話だ。

私は再び苦笑して、舗装道路に沿って進んだ。低い崖が見えてきた。回り込むと、下の道で見たのと同じ案内板が立っていた。

私はそこで初めて『御霊蹟』が洞窟だったと知ったのだった。

案内板には、空海がこの洞窟で瞑想し、奇瑞を得たと記されている。

だが、それだけと言えば、それだけだ。ほかには何もなく、人もいない。中を覗き込んでみたものの、足許も悪く、真っ暗で、踏み込む勇気は出なかった。

（懐中電灯、持ってくればよかったな）

洞窟とは知るよしもなかったのだから、仕方ない。それでも、せっかく来たのだからと、奥を透かして覗いていると、背後に、何かの気配を感じた。

私は反射的に振り向いた。

いつの間にか、少し離れた草地の中に、白い犬が立っていた。

日本犬の雑種だろうか。そいつは利発そうな顔をして、じっと、こちらを見つめていた。

思わず頬を緩めると、犬は私を見つめつつ、咳に似た声で、コフッと吠えた。

首輪もつけてなかったが、飢えた様子は窺えない。

放し飼いなのか、野良なのか。野犬なら注意すべきだが、人には馴れているようだ。

私は洞窟から注意を逸らして、数歩、犬に近づいた。犬はその分、距離を離して、振り返り、また、コフッと吠えた。

声は悪いが、きれいな犬だ。

「白い犬なんて、弘法大師のお使いみたいね」

私はそんなおべっかを言い、また少し犬に近づいた。

洞窟はもう見てしまったし、帰路は犬の先にある。私は戻る道すがら、犬と遊びたいと考えた。

しかし、白犬は一向に、私との距離を縮めてくれない。下りの山道が現れた。仕方なく、バイバイと手を振ると、犬は私と目を合わせ、再びコフッと短く吠えた。

——来い。

そのとき、なぜか、そんなふうに声が聞こえた。

私は黙って犬を見た。すると、白い犬はもう一度、顎を下げて〝来い〟と誘った。

「…………」

ゆっくり犬に近づいてみる。犬は数歩先を行き、私を振り向き、また歩く。

(面白い)

まるで、お伽噺だ。

ひとり旅というのは、どうしても想像力過多になる。しかし、ひとりだからこそ、こういう空想に従えるのだ。

私は犬を追いかけた。

犬は私が付いてくるのを認めると、前より幾分、歩調を速めた。

(やっぱり、こいつ誘ってるよな)

理由は見当も付かないが、頭の良い犬なのは確かだ。

我々は洞窟の前を過ぎ、奥の草地に入っていった。

（五分歩いたら、引き返そう）

山奥に行くのは、さすがに怖い。

そんなことを思っていると、さして歩かないうちに、真昼の日差しに照らされた水平線が現れた。

なるほど。

私が上ってきたのは海に面した大きな崖で、弘法大師の洞窟は、その上にあったというわけだ。

海を望む草地には、古い民家が建っていた。

「お前、ここの犬だったんだ」

犬が家に向かうのを見て、私は笑いながら呟いた。

どうりで、馴れているはずだ。犬は家に戻りがてら、旅人をからかったに違いない。

崖の上にある一軒家は、古くて、柵も塀もなかった。青く茂った草野原が、そのまま庭になっていて、なんとも長閑（のどか）な風景だ。

海の借景（しゃっけい）がまた、美しい。

物音は何も聞こえなかった。平日の昼間だ。家人は仕事に出ているのだろう。

私は軒先まで歩き、そのままゆっくり踵を返した。その背中に、犬はまた〝来い〟と掠れた声を放った。

放し飼いの自由はあっても、きっと寂しいに違いない。私は可哀想になり、

（まだ、時間はあるんだし）

再び犬に近づいた。

と、踏み込んだ草地に、水が滲んだ。

見ると、丈の短い雑草の間を水が流れている。不思議に思って先に進むと、古い濡れ縁の張り出した先、地面から水が湧き出していた。

井戸？　湧き水？

年季の入った木枠が丸く、地面の中に埋め込んである。そこから盛り上がるごとく、止めどなく清水が湧き出していた。

水は惜しげもなく溢れ、いくつもの細い流れを作って、周囲の草地を潤していた。中を覗くと、吸い込まれそうに澄んだ水が光を受けて、気泡を銀色に輝かせていた。

底が見えないほど、深い。

「ほう」

美しさに、私は声を漏らした。

しかし、今どき、ここまで豊富な湧水（ゆうすい）を溢れるまま、放置するなんて……。

（あ、そうか。この湧き水があったから、空海はここで瞑想したんだ）

突然、私は納得した。

弘法大師所縁の温泉や井戸は全国に存在している。ここにもきっと、似たような伝説があるに違いない。だから、人々は、この水を昔の姿のまま残しているのだ。

私は水を手で掬（すく）い、ひと口、口に含んでみた。

甘い。

「うーん。美味しいねえ」

唇を濡らして顔を上げると、犬の姿はどこにもなかった……。

「だから、本当にあの犬は、お大師様のお導きってヤツだったような気がするんです。空海って確か、白と黒二匹の犬に導かれ、高野山を開山したんでしょ？」

そこまで話すと、旅館のご主人は興奮を露（あらわ）にして言った。

「その洞窟、知ってます！」

言いつつ、彼は窓に近寄り、

「場所はあそこじゃないですか？」

旅館の前に聳えている、黒い丘陵を指さした。

「あまりに近くて、僕はまだ行ったことがないんですけどね。あの山の向こうにある崖に、弘法大師が修行した洞窟というのがあるんです」

「えっ。本当!?」

彼は幾度も頷いて、目を輝かせて言葉を継いだ。

「奇遇ですねえ。加門さんが今晩、この宿で、その話をされたのも偶然というかなんというか……。明日、そこに行ってみませんか？」

私は即座に頷いた。

もう十年以上、前の話だ。犬はいないかも知れない。けれど、あの湧き水が見られるのなら、是非とも、もう一度、行ってみたい。

私達は皆ではしゃいで、その晩は散々夜更かしし、翌日、寝不足の顔のまま、車で洞窟の在り処を目指した。

歩いていったときとは当然、道は異なっている。しかし、坂を上り切ると、鮮明に記憶が甦ってきた。

平和そうな草地に、小さな洞窟。ひとりで上った道もちゃんとある。

「本当に、ここだったんだ」

私はすっかり嬉しくなって、

「湧き水はこっちにあるはずです」

先に立って、皆を手招いた。

季節は違うが、風景はあのときとほとんど変わっていない。きっと、あの家にも、あの水にも、もしかすると、あの犬にも、もう一度、会えるかも知れない。

私は洞窟の前を過ぎ、早足で草地の奥に入った。

青い海が目の前に広がる。

そう、ここだ。

しかし、その先に……家は存在しなかった。

現れたのは、鉄柵と先のない絶壁だけだった。

後ろをついてきた人達が「どっちに曲がるの？」と訊いてきた。

私は周囲を見回した。

道は終わりだ。陸地すらない。

記憶では、この先の中空に、家があり、湧き水があったのだ。

私は不審そうな顔をする同行者達に振り向いて、

「やっぱり、ここじゃなかったのかな……」

バツの悪いのを隠し、笑ってみせるほかはなかった。

——絶対、記憶違いだろう。

四国にはきっと、似たような空海所縁の洞窟がふたつ以上あるに違いない。そして、その中に、美しい水の湧く地もあるのだろう。

私はあの風景を憶えている。忘れられる景色ではない。

だから、できれば、もう一度、あの湧水に触ってみたい。そうして、甘露を味わいたい。

お心当たりのある方は、どうぞ、ご一報くださいませ。

ここまで大きな記憶違いは、本人としても気がかりなので……。

其ノ九

三月十日の話

幼い頃から、春先は特に辛（つら）かった。

最初の記憶は定かではないが、今、真っ先に思い浮かぶのは、橋の袂（たもと）にいた子供の姿だ。

某春、浅草に行くために吾妻橋（あづまばし）を渡ったとき、小さい子供が橋の袂で膝を抱えている姿が見えた。

男の子か、女の子かはわからなかった。ただ、生身の人ではないことは、一瞬で消えたことから理解した。

その姿は妙に黒ずんで、ボロボロで、とても寂しげだった。

目の端を掠っただけだったけど、印象は心に刻み込まれた。

こういうものを見ると憂鬱（ゆううつ）になる。

嫌なものを見たと言うのは容易だが、忌避（きひ）したいと思う反面、忌避してはならないとも考えるからだ。

なぜ、あんなに酷い様子で、子供はそこに座っていたのか。

どうして、成仏できないのか。

誰かを、何かを、待っているのか。

幽霊になる者は、己の死をわかっていない場合が多いと聞く。

年端もいかない子供なら、余計にわけがわからずに、長く留まってしまうのかも知れない。

自分が何もできないからこそ、そういうものに出会うと辛い。

また、別の春。

やはり隅田川近くを車で走っていたときに、父と一緒に人魂を見た。

話としてはそれだけなのだが、私はそのとき、父親から、

「東京大空襲の前後だから」

と、意味深長な言葉を聞いた。

——なるほど。

だから、桜の前の東京は、こんなに暗く、重くなるのか。

この言葉で、私は春の憂鬱の原因が、漸く腑に落ちたのだ。

東京都慰霊堂で幽霊に腕を引っ張られたのも、思えば、春だったような気がする。家の近所に真っ黒い、痩せた人が立っていたのも、春が多かったように思える。

何しろ、一夜にして十万人以上の人が殺されたのだ。そのときの苦しみや悲しみが、消えない染みとなって残るのは、仕方のないことかも知れない。

その記憶と共に暮らしていくのが、東京で生まれた人の宿命（さだめ）なのだろう。

長じてのち、私は勘の鋭い知人から、

「春の東京は怖い」

と言われた。

曰く、ものすごい数の死者達が、特に下町では見えるのだという。

それは三月のあたまをピークに桜の咲く時期まで続き、花が散る頃、ゆっくりと、静かに収まっていくのだ、と。

彼女は関西出身で、一時期、東京で暮らしていた。けれども、下町は普段から怖く、春は殊に、電車でその地を通過するのも嫌だったとか。

「西に戻った今だからこそ言うんだけどね。あなたがどうして平気なのか、私にはちっともわからない」

彼女は言った。

「それは多分、私がここで生まれて、育ったからだよ。この空気が当たり前だから、だから、よくわからないんだよ」

砂漠に適応した生き物もいれば、深海で暮らす魚もいる。人間にも、それ相応の環境順応力はある。

たとえば、私は広島と長崎には未だに行けない。夏ばかりではなく、このふたつの地に入ることすら怖いのだ。

もちろん、広島出身の知り合いは、そこで普通に暮らしている。が、外から入ってきた者の目には、その普通が普通に見えない。

東京下町の恐ろしさも、似たようなものに違いない。

とはいえ、先に記したごとく、下町出身者なら、万事に鈍いというわけでもないらしい。

私にも苦手な場所はある。

某陸橋の下と、某川沿いに至る小さな公園だ。

幹線道路の走る陸橋下は、車でときどき通る道だ。けれども、そこを過ぎるたび、私は息を止め、目を瞑(つぶ)ってしまう。

何かを見たという記憶はない。

けれど、そこでは絶対に、何も見たくないと思い続けている。

川の手前にある公園は、何度か、散歩したことがある。嫌いな場所ではないのだが、川に続く一角だけには、どうしても足を踏み入れられない。

一度、勇気を出して進んだところ、木の向こうに、形の定まらない人が揺れ動いているのを目撃し、慌てて逃げ帰ってしまった。

双方の地が、空襲時に数百人単位の死者を出したと知ったのは、つい最近のことである。やはり、慣れを凌駕（りょうが）する負の記憶を持つ土地はあるのだ。

看過（かんか）できない日付もある。

一昨年のことだ。

夜半、仕事をしていると、突然、部屋の空気が焦げ臭くなった。

何事かと周囲を見回すと、机の隣に十歳くらいの女の子がひとり、立っていた。

目の大きな美少女で、おかっぱで、もんぺを穿いている。

あり得ないこととはわかっていたが、ひどくはっきりしていたために、私は呆気（あっけ）に取られて、少女を見つめた。

少女は、私と視線を合わせた。

そして、大きく口を開いた。

大きく――大きく――悲鳴を上げるかのように。

赤黒く染まった口中が見えた。途端、少女の歯がぼろぼろ欠け落ちる。

歯と一緒に、血が溢れ、服に染みを作っていった。

その間にも、口は大きくなって、顔中、赤い肉となり、少女の姿は崩れて……消えた。

声もなく、動けもせずに、私はそれを眺め続けた。

驚きはしたが、怖くはなかった。

私は少女が消えたあと、悲しくなって、涙を零(こぼ)した。

三月十日のことだった。


――さて。

この話がいつ、皆様の目に触れるのかは知らないが、私が原稿を書いているのは、三月十日の明け方だ。

実は午前二時頃まで、私は別の話を記していたのだ。

それが突然、書けなくなった。

仕方なく、私はテーマを変えた。

書くこともまた、ひとつの供養だ。

それで少しでも、何かが、誰かが楽になるなら、悪くないことだと思っている。

其ノ十

西の話

テレビの心霊番組は、やはりどうしても観てしまう。

今でこそ怪談だのオカルトだのを仕事の一部としているために、「参考のため」とか理由をつけるが、そうなる前から、そのテのテレビはほとんど欠かさず視聴していた。

もっとも、ここ数年はあまり熱心な視聴者ではない。チャンネルを合わせはするものの、中座することもしばしばだ。

理由はふたつある。ひとつの理由は、こちらがスレてしまったこと。そして、もうひとつは、私が幼かった頃と今とでは、番組のコンセプトが大きく変化してしまったことだ。

昔の心霊番組には「霊能者」という存在がなかった。

新倉(にいくら)イワオ氏のように、現象を解説する人は出てきても、その場で霊を祓ったり、成仏させてみせたりというパフォーマンスはほとんどなかった。だからこそ救いのない怖さがあったし、最終兵器は神仏以外、ないようにも思われたのだ。

結果、私のような偏った信心を持つ人間ができたわけだ。が、その善し悪しはともかくとして、今の心霊番組は、ある意味、少年漫画的。霊能者をヒーローにした、勧善懲悪アクションに似ている。

実際のところは、幽霊全部が加害者というわけではなかろうし、成仏しろという指導に、素直に従うようにも思えないのだが……。

それ以上に、素人がそういうテレビの影響を受けて、下手に真似すると、被害が出る。

生身の人間だけではなく、霊も被害者になる場合があるのだ。

幽霊というのは、どういうわけか寝ている最中に出現しやすい。

ゆえに、寝ぼけたのだろうと一蹴される場合もあるが、その道の人に言わせると、左脳的現実から解放されているときが、向こうさんもアクセスしやすいのだとか。

真偽のほどは知らない。けれど、私も布団に入ったのち、そういうモノに遭うことは多い。

あれは、春のお彼岸だった。

いつものごとく、明け方近くに眠りに就いて、少し経った頃だった。

ふと目を覚ますと、枕の横に、何かが座っている気配を感じた。

何かはわからない。しかし、

（ウザい）

正直、私は思った。

家族や知人に言わせると、私ほど寝起きの悪い人間は珍しいらしい。普通に目覚めても、起きてからほぼ三十分は、「おはよう」と言うだけで、不機嫌な顔で睨むのだとか。

本人、自覚はないのだが、つい十日ほど前も、朝一番でやってきた宅配便のオジサンが、しどろもどろで言い訳しながら頭を下げたということがあった。

「午後配達じゃなかったでしたっけ？」

私はそう確認しただけだったのだが……。

閑話休題。

ともかく、そういう質(たち)なので、寝入りばなを起こされる、イコール不機嫌ということになる。私が大概の幽霊を非常に冷たくあしらうのは、彼らが出てくる時間帯に問題があると言っていい。

彼岸の某夜。その気配を感じたときも、私は反射的にムッとした。気配の薄いモノなどは、無視して背中を向けただけで、消えてしまうことがある。過去の経験に従って、私は寝返りを打った。だが、気配は消えず、声を放った。

——タスケテ。

幼さの残る少女の声だった。

それが、か細くも哀れな声音で、私に囁きかけてきたのだ。

聞いた途端、私は迷った。

これが大人の幽霊ならば、同じことを言われても問答無用だ。

「あんたねえ。今、何時だと思ってるの！　大体、一面識もない人間の家に上がり込んで、助けろなんて図々しいにもほどがある。非常識もいいとこでしょう⁉」

実際、怒鳴ったこともあるのだ。

だが、今、隣に座っているのは、まだ頑是無い子供のようだ。それが、お彼岸に迷った挙げ句、私に助けを求めてくるとは。

（迷子かな）

私は思った。

（小さい子が頼ってきてるのに、あまり邪険にするのも大人げないか）

目を閉じたまま考えていると、また、

——タスケテ。

微かな声がした。

うむ。できれば助けてあげたい。けれども、私はプロではないので、成仏だの浄霊だのといったノウハウは身につけていない。

どうしようかと悩んでいると、先日観た心霊番組の一シーンが思い浮かんだ。そこに出てきた霊能者は「道を示す」という作業をしていた。

無論、祈禱はできないけれど、道案内くらいなら、私程度でもできるかも知れない。

私は横になったまま、寝ぼけた声で呟いた。

「私は助けられないんだけど、西の方に行くと、お坊さんの姿をしたお地蔵様って仏様がいてね。その方に頼むと助けてくれるって話だよ。……あ、ちなみに、西はあっちね」

わざわざ布団から手を出して、私は西を指さした。

声は一旦、収まった。

ホッとして、私はまた眠りに落ちた。

と、

——タスケテ。

再び、耳許で明瞭な声が囁いた。

「あのねえ。私は助けられないんだけど、西の方に行くと、お坊さんの姿をしたお地蔵様って仏様がいて……」

再度、ぼそぼそ呟いているうちに、私は眠りに引きずり込まれる。

ところが、その子供は三度、私の眠りを妨げた上、苛立ったのか調子に乗ったのか、いきなり気配を強くして、体にのしかかってきたのだ。

いわゆる金縛りに似た感覚が、肩から全身に広がっていく。

さすが。

良くも悪くも子供だ。

大人の言うことなんか聞きやしない。

破格の親切を見せたというのに、何、我が儘な態度を取ってやがんだか。

にわかに言葉遣いが悪くなったのは——そう、寝起きの悪い私は、聞き分けのないガキの態度に、カッとなってしまったのだ。

目を開けると、腰の辺りに、這うような姿で乗っているもやもやとした子供の姿が見えた。

私はそれに目を据えたまま、半身を起こして、勢いよく手を振った。

女の子の姿から、西へ。

「西はあっちだって、言ってんだろうっ！」

途端、生木(なまき)を裂くような激しい家鳴りが頭上で響いた。

そして、子供の気配は消えた。

きれいサッパリ。

「…………」

私は起きて、吐息をついた。

道を示すどころか、どうやら、怒りに任せて吹っ飛ばしてしまったらしい。

「大人げないなあ」

後悔より先に、失笑が漏れた。

やはり、テレビの真似なんて、素人がするものではない。

そして我が儚な幽霊達に、つきあうのも無駄というものだ。

無視したほうが「お互い」に、心は穏やかだっただろうに。

「ごめんねえ」

私は虚空（こくう）に囁いたのち、

「もう、二度とやらん」

呟いて、布団の中に潜り込んだ。

其ノ十一

ひとり旅の話

その宿に着いたのは、旅も終わりの頃だった。

十日近いひとり旅で、私は己の趣味に従い、神社や寺ばかりを巡っていた。ひとりというのは寂しい反面、誰に気兼ねすることもなく、好きなところに行けるのがいい。勝手気儘に歩いた結果、思わぬ出来事に遭遇し、困ったり、喜んだりすることも、ひとり旅の醍醐味だ。

そのときも、私は思いつきで進路を変えて、観光地としても有名な神社のある土地を訪れた。名前を言えば、誰もが知っているところだが、私がここを訪れたのは、実は今回が初めてだ。

天気も上々。

わくわくしながら、私は大きな鳥居を潜った。

広々とした境内に遊び、摂社末社に手を合わせ、土産物屋をひやかして……。

気がつくと、正午を回っていた。

（朝一番で、ここに来たのに）

こういう場所にひとりでいると、時が経つのを忘れてしまう。

観光としては、まだ見所がいくつか残っていたために、私はその近隣で、今晩の宿を探すことにした。

少しうろうろしていると、真新しい宿の看板が見えた。

どうやら、新しくできた公営の宿泊施設のようだ。

（ここに泊まれたら、神社も近いな）

夜の散策にも便利だろう。

幸い、部屋はすんなり取れた。そこに荷物を一旦預け、私はまた、外に出かけていった。

部屋に入ったのは、夕飯を町で済ませたのちだった。

改めて訪れた旅館は、まだ木の匂いがするほど新しく、清潔感に溢れていた。古い宿では、ときとして眠れないこともあるのだが、ここなら、その心配もなさそうだ。

私は呑気に考えて、通された部屋の中に入った。そして、座って、お茶を飲み、辺りを見回し、首を捻った。

不足のない場所のはずなのに、どういうわけか落ち着かないのだ。私はその感覚をしばしの間、吟味（ぎんみ）して、「違和感」という言葉が一番、相応しいことに気がついた。

たとえば、ドレスアップしたのに、居酒屋に連れてこられたような。

たとえば、Tシャツにジーンズで、結婚披露宴に行ったみたいな。

そんな居心地の悪さがある。

だが、原因はわからなかった。

気を取り直して、私は風呂に入った。一旦、部屋から出たならば、雰囲気も変わるのではないかと思ったからだ。

しかし、変化は何もなかった。というより、こちらがくつろぐほどに、部屋だけでなく、旅館すべてに違和感が充満していったのだ。

（なんだろう）

時間が経っても、気配に慣れることもない。私は布団の上に座って、術もなく、ひたすら困惑した。

と、窓の外が突然、光った気がした。

視線を向けると、ガラスを抜けて、大きな光の塊（かたまり）が部屋の中に入ってきた。

オレンジ色がかった金色の、バレーボールの球ほどの光だ。それは私の眼前まで漂うように迫ってきて、一瞬にしてかき消えた。

私は窓を開けて、外を見た。

はっきりとはわからなかったが、旅館の裏は森になっているようだ。光の球はどうやら、その森の奥から漂ってきたらしい。

――こういうとき、なぜ驚かないのか、自分でもまったくわからない。

私は場所に目当てをつけると、コートを羽織り、非常用の懐中電灯を手にして外に出た。

目指すのは、もちろん森の奥だ。

なぜか、私は宿での違和感の原因が、そこにあると考えていた。

旅館の裏から細い道を見つけて進むと、少し広い道に出た。舗装はされていない。

しかし、周囲の森もこの道も、人工的に整えられたものであるのは見て取れた。

(昼間、近くを通ったのにな)

この道には気がつかなかった。

結構、先は長そうだったが、月が明るかったので、怖いという気持ちは起こらない。

そのまま静かに歩いていくと、やがて、唐突に古い神社が現れた。

これも、昼には気づかなかった。

私はそっと前に進んだ。

観光地化した表の神社とは裏腹に、荒れて、寂れた様子の社だ。神社名は記されていない。懐中電灯で社殿を照らすと、深紅の御神馬が浮かび上がった。その光る目にちょっと驚いて、私は電灯を消して、両手を合わせた。

一応、ご挨拶するのが、私の流儀だ。そして、それから好奇心の赴くままに探索するのも、私の習いだ。

私は検分するように、拝殿の脇から裏に回った。

手入れは悪いが、立派な社だ。今でこそ寂れてしまっているが、それなりの歴史はあるに違いない。

（メインの神社が栄えるのはいいけれど、こういう地縁の深そうな社が放っておかれるのは悲しいなあ）

光の球のことも忘れて、私は少し腹を立てた。

同時に、暗がりの奥で、何かが動く気配がした。

さすがに、四肢に緊張が走った。

息を詰めて動きを止める。

颪か？　違う。何かがこちらに近づいてくる。

引きずるような足音がした。私は息を呑み、視線を向けた。

闇から、人影が浮かび上がった。

ぼろぼろの着物を纏っている。

長い髪が乱れている。

大きい。

男か。

肌が……赤い？

そいつは、私と一メートルほどの距離を残して立ち止まり、しごく緩慢に右手を上げて、ゆっくり、私を手招いた。

すっと、男の顔が上がった。

見た途端、私は飛びすさった。

目がひとつしか、ついてなかった。

片眼が潰れているわけではない。男の顔の真ん中に、ひとつだけ、巨大な目があったのだ。

それと視線を合わせた一瞬後、闇の幕を落としたごとく、男の姿はかき消えた。

毛が逆立つとは、このことだ。

さすがに走って宿に戻って、私は窓のカーテンを閉めた。

「な、なんだ、あれ⁉」

怖いというより、あり得ないものを見たという驚愕（きょうがく）のほうが勝っていた。

幽霊だの妖怪らしきものだのは、今まで幾度か見たことがある。けど、あんな、絵に描いたようなひとつ目小僧を——いや、子供ではなかったが、あんなものを見たのは初めてだ。

（どうして）

私は首を捻った。

宿の違和感、光の球、寂れた神社、ひとつ目の男。

ただの観光旅館なのに、なぜ、こんなことが起こるのか。

すっかり目が冴えてしまったこともあり、私は昼間買ってきた郷土資料を取り出した。そして、件（くだん）の神社について、記録がないか調べてみた。

文字による資料は何もなかった。だが、江戸時代を再現した古い地図には、鳥居のマークが載っていた。

その境内を計測し、私は思わず吐息を漏らした。

予想以上に、神社の境内は広かった。そして、その広い境内には、今いる宿も含まれていた。

つまり、私は聖域で風呂に入ったり、煙草を吸ったり、眠ろうとしたりしていたのだ。

「そりゃ、居心地も悪かろう」

そこの神様だかなんだかが、抗議するのも当然だ。

(申し訳ない。人間の勝手で……。ごめんなさい)

手を合わせると、落ち着いた。

私は漸(ようや)く布団に入り、夢も見ずに朝を迎えた。


宿をチェックアウトしたのちに、私は昨日の社に向かった。

当然ながら、ひとつ目の男が頭から離れない。私はその場所に行き、もう一度、足跡だのなんだのを確認してみたいと考えたのだ。

朝日の中に建った神社は、むしろ清々しい感じがあった。再度、仮寝の非礼を詫びて、慎重に後ろに回ってみる。

例のモノが立っていた辺りには、私の足跡だけがある。

やはり、実体はなかったか。

感慨を新たに顔を上げると、建物の脇からもうひとつ、道が延びているのが見えた。

小さな道しるべに『奥宮（おくみや）』とある。

私は迷わず、そこを目指した。

裏は山だ。奥宮は、どうやらその山にあるらしい。

覚悟を決めてはいたものの、二時間近く歩いただろうか。

そんなに標高はない。しかし、頂上に近づくにつれ、巨（おお）きな石がいくつもいくつも、屹立（きつりつ）しているのが、目を引いた。

そのひとつの根本に、木切れのような古い看板が添えられていた。

『たたら石』

巨大な平石の向こうにも、同じような表示があった。

『たたら場跡』

見上げると、小さな社が見えた。

駆け上がって、私は扁額（へんがく）を読んだ。

『金屋子（かなやご）神社』

――なるほどね。

だから、ひとつ目だったのだ。

蹈鞴場は、古代からの金属精錬場。金屋子神は金属神。そして、蹈鞴場には、ひとつ目の神あるいは妖怪がいるという。

昨晩、私が見た影は、それなりの理屈と歴史に基づいて、姿を現したというわけだ。

「いやあ、筋が通っているね」

怪異にだって理屈はある。

昨日は仰天したけれど、この結果はむしろ楽しい。

「お導きっていうやつよねえ」

蹈鞴場には、やはりひとつ目の、人ならぬモノが棲んでいるのだ。

思わぬハプニングから得た結論に、私はすっかり嬉しくなって、頂上でしばし、くつろいだ。

ここに至るまでの行動はすべて、行き先も、宿も、夜の散策も、ひとりだからこそできたものだ。

だから、ひとり旅は面白い。

いつも、思わぬ収穫がある。

もちろん、「これぞ、醍醐味」と言ってしまうと、語弊があろうが。

其ノ十二

刀の話

知識はないが、骨董（こっとう）は好きだ。

気味悪がる人も多いし、実際、気味悪いものもあるけれど、時代を背負い、物語を纏う品々は見ていて飽きることがない。

だから、日本刀も結構、好きだ。

人を殺すための道具と思えば、これまた薄気味悪いけれど、刀は祓い具でもあるし、実際、神のために造られた清々しいものも随分とある。研（と）ぎ澄まされた鋒（きっさき）や、刃文（はもん）の様子は、ただひたむきに美しい。

とはいえ、妖刀と呼ばれる刀があるとおり、禍々しいものも存在している。

随分前の話となるが、知人に誘われ、その手の刀があるという寺を訪れたことがあった。

観光寺院でもなんでもない、町中の小さな、だが、古い寺だ。

刀は持ち主に障りが出たので、寺に持ち込まれたのだとか。

「この刀はS県にある旧家の蔵に、ずっとしまってあったと聞きます。記録があるわけではないのですが、話によると、過去の刀の所有者達は、理由のない殺傷事件を起こしたそうです。おかしくなってしまった人もいて、蔵の奥に押し込めておいたとか。ここに刀を持ち込んだ方は、骨董蒐集が趣味のご主人を持った方で……はい、女性です。旦那様はどこからか刀の噂を聞き込んで、某家から買い取ったのだそうです。当然、迷信だと思ったのでしょう。某家にしてみれば、厄介払いができたというところでしょうか。ところが、その刀を所有して以来、不運が続き、ご主人の様子がおかしくなった。『あの刀で人を切ったら、気持ちが良いだろう』そういうことを言うようになった。それですっかり怖くなって、夫の留守に妖刀をお寺に持ってきたというわけです」

住職はごく自然に、妖刀という言葉を使った。

「旦那さん、あとで怒ったんじゃないですか？」

私は訊いた。

「そう思うでしょう。ところが怒らなかったそうです。ああ、そうか、で終わったそうです。今はときどき、ご夫婦でこちらにお参りにいらっしゃいます」

憑き物が落ちたということか。

興味深い話を聞いたのち、私は刀を見せてもらった。

正直、手に取りたい代物(しろもの)ではない。しかし、住職が「大丈夫だから」と笑うので、私は渋々刀を持った。

真剣など、滅多に触る機会はない。白鞘(しらさや)に収まったそれは、ずしりと重かった。とはいえ、妖刀と呼ばれるような禍々しさは感じられない。

感想を言いあぐねて黙っていると、住職は刀を受け取って、鞘から半分、刀身を抜いた。

途端、

「綺麗(きれい)！」

私は叫んだ。

その刀身は、予想とはまったく逆の、華やかで陽気な印象だったのだ。

住職はその言葉を聞くと、満足したように刀を収めた。

「そうなんです。綺麗でしょう」

彼は笑った。

「この刀は見る者の心を浮き立たせるんです。持ち主の話によると、眺めるほどに浮き浮きとして、踊り出したくなるような高揚感が湧くのだそうです。それで、人を切ったら楽しいだろうな、そう思えてくると言うのです」

――なるほど。

目から鱗が落ちた気がした。

それが、妖刀の真実か。

妖刀というのは禍々しく陰気なものだと思い込んでいたけれど、実際は人をハイにする、超陽気な刀なのかも知れない。

覚醒剤でも打ったような状態で、戦に出れば多分、無敵だ。しかし、太平の世にあって、持って嬉しく、使って楽しい刀は迷惑なだけだろう。

この刀は今という時代ゆえ、妖刀とされてしまったのだ。

しかし、現代、すべての日本刀は、働きの場を失っている。そういう意味では、ほとんどの刀は妖刀になる可能性を秘めていると言えるだろう。

博物館所蔵の刀は、その筆頭だ。

彼らはもう、永遠に用いられることはない。

とはいえ、陳列棚に収まるすべてが、ただおとなしく太平の眠りを貪っているとも思えない……。

国宝「童子切安綱」が展示されていると聞き、私は東京国立博物館に出向いた。平安時代の刀工大原安綱の作とされる源家の宝刀は、源頼光の佩刀であり、名のとおり、大江山の鬼・酒呑童子の首を切り落とした刀とされている。

その切れ味は凄まじく、罪人六名の死体を重ねて試し切りをしたところ、胴を切断しただけではなく、刃が土台まで達したとか。

だが、童子切安綱は酒呑童子伝説の物語には出てこない。なぜ、これが頼光の佩刀となり、酒呑童子を切った刀とされたのか、その経緯も不明なままだ。

もっとも、鬼を切ったとされる刀は幾振りか存在している。

博物館に行く少し前、私は北野天満宮の宝物殿で、「鬼切」という刀を見ていた。由来は「童子切」とほぼ同じ構成だ。

それを見て、私は感覚的に、なんだか、ぬるい刀だなあ……。失礼ながら、そんなことを思ってしまったのだった。

鬼を切るような迫力は、「鬼切」には感じられなかった。やはり伝説は、箔付けのためのでっちあげでしかないのか。

当然と言えば当然の結果に、私は少しがっかりし、神社をあとにしたのだった。

博物館に展示されていたのは、その「鬼切」と同系統の由来を持つ。

鬼を切った刀の伝説は、ある意味、源家の宝刀の由来譚（ゆらいたん）とも言えるだろう。なら、伝説は伝説に過ぎないにしろ、名を冠するに相応しい「本物」は存在してもいい。

私はそんな思いを抱いて、「童子切」を見に行った。

展示場の入り口に立った瞬間、ずらりと並んだ刀の中から、ひと振りが目に飛び込んできた。

目立つ。

あれか？

目を据えたまま近づくと、違（たが）わず、「童子切」だった。

ご存じの方もいると思うが、私は大の鬼好きだ。だから、鬼を切った刀探しは、仇（かたき）を探す行為にどこか似ている。

ほかに人がいないのをいいことに、私は腰に手を当てて、挑戦的に刀を凝視した。

遠目からはあんなに目立ったのに、刀身の光はほかの刀のどれよりも鈍く、沈んでいた。時代の古さや、研ぎ方の相違もあるに違いない。品があるのは間違いないが、過去に見た妖刀のごとき華々しさも感じられない。

素人目には、すごく地味だ。

私は刀を正面から見た。裏から見た。鋒から見た。

ピンと来るものは何もない。

鬼に所縁があるのなら、もっと憎々しげに見えると思ったのだけど……。

十分以上、それを眺めて、私は溜息をついた。

考えてみれば、酒呑童子所縁の真贋なんて、誰にもわかるはずはない。「童子切」は国宝に指定されるほどの名刀だ。つまり、それが答えだと思って構わないだろう。

（でもまあ、ちょっと、つまらないよね）

私は「童子切」から視線を逸らした。

その途端――。

何が起こったのか、わからなかった。

気がつくと、私は博物館の床に片膝を突いていた。

一瞬。多分、一瞬の間、完全に記憶が飛んだらしい。

倒れかけたことすらも、私は憶えていなかった。

数秒、呆然としたのちに、私は慎重に立ち上がった。そうして再び、展示ケースの中の刀に目をやった。

相変わらず「童子切」は澄ましかえって沈黙している。

印象は何も変わらない。だが、今度は落ち着いていられなかった。

(き、切られなくて、良かった)

脇の下を汗が流れた。

どうやら、私は完全に刀を見縊(みくび)っていたらしい。いや、謀(たばか)られたと言うべきか。

(人を馬鹿にして、あしらいやがって)

恐怖と共に、悔しさが湧いた。

(どうせ、私は素人ですよ。鬼好きですよ。本気になったら、簡単に切り殺せる存在ですよ!)

恥ずかしいような気持ちも湧いてくる。

私は数歩あとじさり、逃げるように外に向かいかけ、収まらず、くるりと振り向いた。

恐怖より、恥より、この瞬間は悔しさのほうが勝ったのだ。

「でもね。あんたがどんなに強くても、鬼好きを成敗(せいばい)したくても、もう永遠に博物館の中から出られないんだからね。ざまあみろ。悔しかったら、切ってみやがれ」

まさに捨て台詞。

私は小声で呟いて、建物の外に逃げ出した。

刀の精というものは、果たして存在するのだろうか。

そして、それは己の役目をきちんと弁(わきま)えているのだろうか。

どのみち、私はもう二度と「童子切」には会いたくない。あの負け犬の遠吠えを「彼」が憶えていたらと思うと、それだけで背筋が寒くなる。

本当に、あんなこと、口にしなければ良かったと、私は今、後悔している。

其ノ十三

道の話

終わったと思った小説や映画に続きが出ると、得をした感じで嬉しくなる。

だが、終わったと思った怪異に続きが出ると、なんとも嫌な気分になる。

以下に記す怪談は、以前、某雑誌にエッセイとして記したものだ。

元々、すっきりとした結末のある話ではなかったが、まさか、この話の続きが出てくるとは思っていなかった。

以前の原稿のファイルには、二〇〇六年六月の日付が付いている。

あれから、二年。

私が「魔の道」と呼んだナニカは、依然、力を持っていた。

初めて、ソレに関わったのは、今から二十年以上昔の話だ。

舞台は、親戚の家である。

当時、学生だった私は、従姉(いとこ)が暮らすその家に、泊まりがてら遊びに行った。

場所はいわゆる下町にあったが、決して小さな家ではない。家族全員で暮らして、なお、使っていない部屋があるような、むしろ贅沢な一軒家だった。

私はそこで、空いているひと部屋を寝室としてあてがわれたのだ。

東南角の洋室だ。

数年前まで、従姉の部屋となっていたのだが、彼女はその部屋を引き払い、なぜか日当たりの悪い、北側の六畳間に移っていた。

ゆえに当時、その部屋は物置兼来客用の部屋となっていたのだった。

私はさしたる疑問も抱かず、遊び、食べて、そこで寝た。

目が覚めたのは、夜中のことだ。

時間は確認しなかったが、外は暗く、空気がしんと静まっていたのを憶えている。

豆電球を点(とも)した部屋に、異様な気配が充満していた。

何かがいる。

妙に寒い……。

具体的に、何かを捉えたわけではない。しかし、怖いと思った瞬間、私は息もできないほどの激しい金縛りに襲われた。

私は暫く苦しみ続け、金縛りから逃れたあとも、眠れないまま朝を迎えた。

翌朝、そのことを従姉に告げると、彼女は「ごめんね」と謝った。

「あの部屋であんまりオバケを見るから、私、部屋を移したの」

聞けば、彼女は金縛りのみならず、様々な体験をしたという。

赤い服を着た女が踊ったり、大男が這い回ったり。

そんな場所に客を泊めるのは如何(いかが)なものかと思ったが、彼女が懸命に謝罪するので、怒ることはできなかった。

「だって、ほかの人までが、怖い目に遭うとは思ってなかったんだもの」

従姉はそう言って、両手を合わせた。

しかし、日当たりの良い角部屋で、なぜそんなことが起きるのか。

当時の私達には、まったく見当がつかなかった。

家自体は因縁もない新築だ。のちのち興味を持って調べたときも、なんの原因も見当たらなかった。

風水的にも悪くないし、歴史を遡(さかのぼ)ってみても事件はない。

いずれにせよ、従姉は二度とその部屋に戻ろうとはしなかった。家族もなぜか、そこを嫌った。

そうして数年後、陽の降り注ぐ角部屋は、遂に完全な物置としてリフォームされてしまったのだ。

大工は反対したそうだけど、一家は頑として譲らなかった。

あの部屋を生活空間にはしたくない――。

従姉の家族達は皆、理由も見えないまま、思っていた。

その原因とも言えない原因を見出すことになったのは、二〇〇三年の年末だ。

久しぶりに会った従姉と四方山話をするうちに、彼女は眉を顰めて囁いた。

「実は、隣の家でまた死人が出てさ……」

「また？」

彼女の家の東隣は、昔からひどく運が悪い。

最初に住んでいた一家は離散し、そののち、家を買った家族は、不幸なことに子供を亡くした。

死因は不明だ。

ある日の夕暮れ、まだ三歳にもならない子供は、ソファに座った姿のままで、冷たくなっていたという。

その後、家は取り壊されて、別の家族が新しく家を建てた。だが、それから数年後、お婆ちゃんが亡くなり、飼い犬が死に、今度は奥さんが亡くなったという。

「お婆ちゃんと犬は寿命だと思うんだけど、奥さんはまだ若いから」

「家とか家系じゃなくて、土地に何かあるのかね」

首を捻ったのち、私はふと思い出して、彼女に訊いた。

「そういえば、Aちゃんちの真向かいって、ずっと空き家だったよね？」

「今は更地になってるわ。あの場所、なぜか人が居着かないのよ」

そう言って首を振ってのち、彼女は突然、目を見開いた。

「更地の斜め後ろの借家も……。何年か前に、旦那さんが突然死して……」

言い澱んで、従姉は慌ててノートとペンを取り出した。

彼女は地図を描き始めた。

東隣の斜め向かいに、今は更地となった場所がある。その更地の斜め奥が、ご主人が突然死してしまった借家だ。

彼女は線を繋げるように、先の地図を書き足した。

「借家の斜向かいには、ちょっと大きな工場があるの。で、私達が越してきた当時、その工場を持っていた社長さん、ノイローゼで首を縊ってるのよ」

「えっ」

「しかも、それだけじゃないの。バブルの終わりの時期だったから、すぐに次の買い手がついて、改装工事が入ったの。その工事中、新しい社長が作りかけの階段から足を滑らせて落っこちて、半身不随になっちゃったのよ。看病していた奥さんも具合が悪くなって、癌(がん)が見つかって……」

聞いて、私は絶句した。

どう考えても、普通ではない。しかも描かれた地図を見る限り、不幸に見舞われた家は皆、一本の線の上にある。

「その先はどうなってるの？」

恐る恐るラインの先を指で示すと、従姉は地図を書き足した。

「古い家があったはずだけど、つきあいがないからわからない。先は公園。その向こうはもう川だから、地区としては関係ないし」

「じゃ、逆方向は」

起点となる隣家に指を戻して、私は尋ねた。

「そっちは、あんまり家が建て込んでいないから」

彼女は軽く言ってから、再び顔を曇らせた。

「お隣のすぐ斜め後ろは、以前からずっと空き地のまま。その後ろは、ほら、昔、あなたが幽霊を見たアパートよ」

「あそこか」

私は口を歪めた。

夜、古いアパートの脇を通ったとき、私はその玄関に、凄まじい顔つきをした女が立っているのを目撃したのだ。以来、私はその前を通らないように気をつけている。

従姉は続けた。

「あのアパートも、どうやら曰くつきみたいでね。近所の○○さんが家を改築するんで、一時期住んでたんだけど、ずっと眠れなくて、具合が悪くなっちゃって、早々に出たって話を聞いたわ。実際、あそこボロボロだから、今は空き部屋ばかりだし、私も気持ち悪いから、前を通らないようにしているし」

彼女は地図を先に延ばした。

「次の場所は、資材置き場ね。現実的な立地はいいのに、家やお店があったことは一度もない」

「確か、隣はスーパーだよね？　結構、賑わってるじゃない」

「うん。でも、あそこの土地だけは、昔から資材置き場のまんま。不思議だねって、近所の人と話したこともあったんだけど。……その先は廃墟になっている」

「廃墟？」

「大きなお屋敷なんだけど、無人のまま放置してあるの。立派な幽霊屋敷だわ」

その向こうは憶えていない、と彼女は手からペンを離した。

できあがった地図を眺めると、従姉の隣家を含め、北北東と南南西の方角に、きれいな線が描かれていた。

その線上に並ぶのは、不幸な死の記録と空き地と廃墟、幽霊の記憶というわけだ。

「Aちゃんの家もそうだけど、ヤバイ土地の両隣は、別に何もないんでしょ？」

希望を見出そうと、私は尋ねた。

「そうだね。東側の二軒隣は、むしろ幸せな家庭ってやつ。うちだって、例の角部屋がちょっと気持ち悪いだけで……」

ふたりは顔を見合わせて、慌てて地図を見直した。

よくよく確認してみると、魔のラインは、少しだけ従姉の家に掛かっている。そして、引っかかったその場所こそが、例の角部屋だったのだ。

「よ、よかったね。あそこ、物置にして！」

私達は青ざめて、頷きあった。

家族全員の勘が良かったために、助かったとも言えるだろう。空き地や資材置き場の地主も、勘が働いたのかも知れない。

けれども、ほかの人達は……。

現実的視覚には映らない、魔の道というのは存在する。

私達がそう確信してから、二年ほどのちのことだった。久しぶりに、従姉から電話があった。

彼女は挨拶もそこそこに、高い声で、私に告げた。

「ちょっと、聞いてよ！　例の廃墟が壊されて、今度、マンションが建つんだって！」

「えっ。マジで⁉」

「着工は先みたいだけど、結構、大きな高級マンションになるみたい」

「大丈夫かな。そこの人達」

魔の道のラインは強いが、細い。

部屋を選び間違えなければ、災いは降りかからないに違いない。

しかし、逆に不幸が潜む部屋を引き当ててしまったならば、お金どころか命の損だ。

他人事ながら、我々は入居者が勘の良い人達揃いであることを願った。

……ここまでが、以前、記した部分だ。

あれからまた、二年が経った。

そして、また従姉から電話が来た。

「あのマンション予定地ね。なんかトラブルがあったらしくて、暫く更地のままだったのよ。それが漸く、去年の半ばに工事が始まったんだけど」

「また、なんかあったの」

聞かない内から、私は険しく眉を顰めた。

「それがよくわからないんだけど」

従姉は口ごもってのち、

「一昨日の夜、マンションの前の通りで、交通事故があったのよ。詳細は知らないけど、昨日、そこを通ったら、敷地を囲ったシートが焼け焦げていて、その形が人そっくりで……」

「そ、それって?」

「知らない。想像しない!」

彼女は声を張り上げた。

私も同じだ。

だが、まだ人も住まないうちから、そんな気味の悪いことが起こるとは考えてもみなかった。

「……あそこ、本当にヤバイのかも」

呟き、私は言葉を継いだ。

「もしかしたら、すべての原因は、あの廃墟にあったのかも」

従姉からは、肯定も否定も返ってこなかった。

重苦しい空気だけが伝わってくる。

私は訊いた。

「工事は続いているんだよね？」

「もちろん。だって、現実では、そんなこと問題にならないし」

きっと早々にシートは替えられ、何事もなかったことになるのだ。

そして、マンションは完成し、新生活に夢を抱いた人々が大勢入ってくる……。

魔の道・魔の場はあると思う。

私はこの続報を記す機会が来ないことを、心の底から願っている。

其ノ十四

猫の話

怪談やオカルト話を見聞きしていると、ときどき「動物霊」という言葉に出合う。そして「動物霊」という言葉が使われるときは、大概、善くないモノとして扱われるのが慣例だ。

「それは動物霊の仕業(しわざ)です」

「動物霊に取り憑かれてます」

「低級な動物霊が悪戯(いたずら)をして」……。

正直、ふざけんなと思ってしまう。

動物は人間より純粋だし、本能に従って生きている分、行動の基準も明確だ。下手な小細工で人を惑わしたり、理由もないのに祟ったり、取り憑いたりするはずはない。確かに悪戯はするけれど、せいぜい好きな玩具や食べ物をどこかに隠すぐらいだろう。

だから、もし動物が死んだのち、祟ったり、悪さをしたというのなら、それは祟られた人間の側に非があるに決まっている。

生前、邪悪でないものが、なぜ死してのち、悪いモノとなるのか。

動物好きの私は無闇に腹が立ってしまうのだ。

もっとも、禍々しいモノが動物の形を取る場合もあると聞くので、全部が全部、善いモノと言うのは乱暴かも知れない。

しかし、純粋な動物の霊魂ならば悪さはしない。

私はそう信じているし、実際、被害に遭ったことも、身近で怖い話を聞いたこともない。

これもまた、類は友を呼ぶというやつだろうか。

親しい人から聞かされる動物達の幽霊譚は、すべてほのぼのとしたものばかりだ。

典型的な話は、亡くなった飼い犬や飼い猫が挨拶に来てくれるというもの。中には、死して何十年も経っているのに、主人に危機が迫ると夢に現れ、禍々しい影から護る……そんな忠犬の話もある。

そういう話を聞くたびに、彼らのいじらしさに感動し、私はますます「動物霊」への偏見に腹を立てるのだ。

そんな私の気持ちは多分、向こうにも伝わっているに違いない。

私はかなりの確率で、動物達の幽霊を見る。

生前と同じコースを散歩しているレトリーバーとか、木の根本に座っている猫だとか、鼠（ねずみ）や蛇、幽霊かどうかは定かでないが、稲荷（いなり）神社の近辺で狐に会ったこともある。

大概は行きずりに見える程度だが、その度毎に、怖いどころか嬉しい気持ちになるのだから、手に負えないとも言えるだろう。

そんな経験の中でも、とりわけ印象的だった出来事がある。


――最初は、夢から始まった。

夢の中、近所の公園を歩いていると、灰色の大きな雄猫がいた。

そいつは形（なり）だけは大きいが、毛は汚れて艶（つや）もなく、なんとも不潔な様子をしていた。

(どこか、具合が悪いのかな)

私は猫に近づいた。

猫は威嚇（いかく）をしてきたが、案の定、すぐに疲れた様子で、植え込みに隠れようとした。

「大丈夫だから、こっちにおいで」

そう言って、私は猫を抱いた。灰色猫は抵抗する。私はそれを抱き直し、そっと彼の頭を撫でた。

「病気なの？　疲れているんだねえ。暫く家にいていいよ」

言うと、大人しくなったので、私は猫を抱いたまま仕事場のマンションに戻った。

ところが、エントランスのところで、ひとりの男が私を阻(はば)んだ。現実には存在しないのだが、男はこのマンションの警備員という立場にあるようだ。

「そんな不潔なモノを入れてはいけない」

居丈高(いたけだか)な口調で、男は言った。

「どうして。可哀想じゃない」

「そいつは不潔だし、穢(けが)れている。そんなモノを入れてはいけない」

両手を広げて、男は私を制止した。

私は一旦、引き下がった。が、男が余所を見た隙に、マンションの中に飛び込んだ。

エレベーターに乗り込んで、大慌てで部屋に入ると、またもや男が立っていた。

「そんな穢れたモノを入れてはいけない」

「うるさいわね。出てってよ！」

怒鳴って、猫をソファに置いて、私は男を突き飛ばした。暫く揉(も)みあったのち、漸く男を外に出し、急いでドアに鍵を掛ける。

ホッとして振り向くと、猫がいない。

今の騒動で、どこかに逃げてしまったのか。

あの様子では、野良を続けるのは辛かろう。

「どこにいるの？　戻っておいで」

——そう言ったところで、目が覚めた。

まだ夢現（ゆめうつつ）だった私は、布団から手を出して猫を探した。

と、枕元に伸ばした手の先に、強（こわ）ばった猫の毛の感触を得た。

いた。良かった。

私はその背を撫でながら、暗闇の中で目を開けた。

視界には何も映らなかった。しかし、私の掌は猫の背中を感じていた。ゴツゴツした背骨も指に触れてくる。

「ここにいても、いいんだからね」

気の毒になって呟くと、手から感触が消え失せた。同時に、
ふう……。

すごく安心したような、大きな吐息が耳に届いた。そしてそれと共に、なんとも言えず腥（なまぐさ）い、獣の臭いが鼻孔を刺した。

まったく、恐怖は感じなかった。

この猫はきっと、色んなところで嫌われて、追われて疲れ切っている。だから、こんなに汚れているのだ。体調が悪いから、息が臭いのだ。

私はそう考えて、再びぐっすり眠ってしまった。


朝になってから、私は色々考えた。

夢の中にいた警備員は、猫を「穢れ」と呼んでいた。ならば、あの猫は本当に、善くないモノなのかも知れない。

腥い悪臭は、かつても嗅いだことがある。その晩は怖い思いをした。

いわゆる霊臭というものは、不快で禍々しいものと相場は決まっている。

とすると、結論はただひとつ。あの猫は悪いモノなのだ。

だから、色んなところから嫌われ、追い立てられるのだ。

私はそう考えた。が、やはり、恐怖や嫌悪感は欠片も湧いてこなかった。

悪かろうが善かろうが、猫は猫だ。一動物好きとして、虐待されて疲れ切っている猫を非情に追い出すわけにはいかない。

人間の霊にはとことん冷たい私だが、動物となれば話は別だ。

たとえ肉体を失くしても、社会的常識を弁えるべき人間が不法侵入をしたり、見ず知らずの相手に無理難題を言って迫るのは不快なだけだ。しかし、動物は違う。人に咬(か)みつく犬ですら、彼らなりに筋の通った理由をきちんと持っている。

「もしも本当に悪いモノで、災いが起こるようだったら、そのとき考えればいいさ」

ただの夢かも知れないのだし。あまり、気にするのはよそう。

私はそう決めて、日常に戻った。

何事もなく、数日が過ぎた。

起きているとき、初めて猫を確認したのは、夕飯を食べている最中だった。

テーブルの脇を過(よぎ)った影を、反射的に目で追うと、そこに件(くだん)の猫がいた。

夢で見たとおりボロボロで、不潔な感じの灰色猫だ。

「食事時に出るとはね。お前、お腹が空いてるの？」

失せた影に語りかけ、私は小皿におかずと水をそれぞれ入れて、床に置いた。

「猫の食べ物じゃないけれど。よかったら、どうぞ」

こういうとき、ひとり暮らしは便利だ。家族が一緒だったなら、確実に呆れられるに違いない。

私は食事の間中、小皿をそのまま放置した。

一週間ほど経つとまた、猫の影が現れた。

私はまた、ご飯を置いた。

小皿のものが減るような怪現象は起こらなかったが、私はたとえ自己満足でもいいと思って、それを続けた。

そうして、ひと月ほど経つと、猫の様子が変わってきた。

確実に毛並みがよくなって、動きも力強くなってきたのだ。

私はすごく嬉しくなった。

もう「穢れ」とは、誰にも言わせない。

猫は立派な雄猫だ。

(ずっといたら、楽しいのにな)

私はそんなことを思ったが、生憎(あいにく)、願いは叶わなかった。

彼が来てからふた月ほどのち。

あるとき、灰色猫は姿を現し、私の足に擦(す)りついて、愛情を表現してくれた。

最早、ぴかぴかの男盛りといった感じだ。

彼は己のエネルギーを室内ではもてあますようになったのか——それを最後に、ふっつりと私の前から姿を消した。

成仏したのか、出て行ったのか。

少し寂しくなったけど、元々、外で生きてきた猫だ。束縛するのは無理だろう。
ともかく、彼のいる間、災厄は何も訪れなかった。
加えて、少しだけ期待した恩返しも、何もなかった。
ま、猫とはそういう生き物だ。
元気でいてくれれば、それでいい。
生きていても死んでいても、汚れて、疲れた動物達は、ケアしてあげれば美しくなる。
その確信が持てただけでも、私は得をしたと思っている。

其ノ十五

神楽の話

神社は好きだが、人混みはあまり好きではない。

祭りは好きだが、人混みはあまり得意ではない。

……というわけで、各地の著名な祭礼は、見たいなあとは思っていても、ほとんど出かけたためしはない。

だが、その中で神楽（かぐら）だけは、私の中では結構マメに観にいっているほうだと思う。

神楽は神輿（みこし）を練り回すアクティブなものとは違うので、まず定位置で観られるのが楽。著名なものでも、何万人という人出はないし、長丁場と決まっているため、大概、途中から空いてくる。

振る舞い酒やお弁当を食べたり、中座したり、果ては寝ころんだりしながら数時間、だらだら観ているのはとても楽しい。

というか、かぶりつきで、延々見続けるなんて、神楽見物としては野暮だろう。

「神遊び」の名のとおり、緩やかかつ和やかに雰囲気に浸るのが美しいのだ。

もちろん、神楽が好きなのは、楽だからというだけではない。

神楽は本来、神懸かりの場であり、神の降りる舞台でもある。

現在は形式的なものがほとんどだが、中にはいまだ、その様式を伝えているものが存在するし、図らずも神の存在を強く意識させられるものも残っている。

もう随分、昔のことになるが、私はある場所に伝わる夜神楽(よかぐら)を見物しにいったことがあった。

場所は東京から飛行機に乗り、電車、バス、そしてタクシーを使って、十時間も掛かる山奥の、小さな小さな集落だ。

そこを訪れたのは、あるとき、ふと、なるべく古式を伝えている神楽を観たいと思ったからだ。

もちろん、古い形式を残した神楽は各地にある。私がその土地を選んだのは、たまたま縁があったという、ただそれだけの理由だった。

村の世帯数は三十未満。完全な過疎の集落だ。

一応、当地の教育委員会から話を通して頂いて、指示どおり、一升瓶を二本担いで伺った。が、案の定、現地の人に話はまったく通っておらず、私という珍客は、東京から来たと言った途端、質問攻めに遭うこととなった。

他の村や隣の市から客が来ることはあるけれど、十時間掛けて、ここまで来たのは前代未聞だったらしい。

期せずして、私はマレビトになってしまったというわけだ。

(なんか、生贄(いけにえ)にされそうな気配だな)

思わず、諸星大二郎(もろほしだいじろう)先生辺りの作品が思い浮かんだが、幸いそういう怖いことは起こらなかった。

村の男達は全員、観客でもあり、舞手でもある。こちらにばかり、構ってはいられない。

私は畳が敷いてある神楽殿のほぼ中央に陣取って、前面にある舞台を眺めた。

天井近く、白い紙垂(しで)を下げた注連縄(しめなわ)が、四方に張り巡らされている。その四隅から中央にまた、十文字に縄が掛けられている。

最初、何より驚いたのは、その中心部に猪(いのしし)の生首が載っていたことだ。

首には何枚もの分厚い奉書紙(ほうしょがみ)が巻かれていたが、その下からうっすら血が滲んでいるのが見てとれた。

怖いとか、気味悪いとかは感じなかった。

むしろ、その原始的な信仰のありように感動すら覚えていると、世話好きそうなオジサンが満面の笑みで語ってくれた。

「今年は猪が捕れたんだ」

今でこそ、林業が村の中心産業となっているが、元々、この辺りの村は猟で生活を立てていた。それがため、猪は山の神からの恵みであると同時に、神への捧げものにもなるという。

但し、毎年、祭りに合わせて、猪が捕れるとは限らない。

「だから、猪が捕れた年は良い年だとされているのさ。今年は縁起の良い年だ」

「それは素敵」

私は得した気分になって、準備の整った舞台に視線を戻した。

まず祓いの舞。そして格の高いものから、徐々に砕けた演目となる。

古い形式を留めた神楽には、様々な発見と驚きがあった。しかし、今回は置いておこう。一々記していては切りがない。何せ夕方から明け方まで、ひと晩中やっているのだ。

滑稽(こっけい)な演目が続いた午前二時頃、私は一度外に出て、村人達が集まっている焚き火の端に腰を下ろした。

ここでも、村のお年寄り達がニコニコ話し掛けてくる。

私はそれを幸いに、取材根性を発揮した。

「ここの神様は、どんな神様なんですか？」

実は事前に調べても、神楽を奉納する神社の名前はおろか、ご祭神もわからなかったのだ。

「山の神だよ」

お年寄りは簡潔に答えを返した。

「えらい気の荒い神サマでなあ。普段は神主も近寄らないんだ」

ん？　つまり？

「普通のときは、神社にお参りしないんですか」

「しない、しない。えらいことだよ」

神社と見ると、どこでも入っていってしまう私が、一番、引っかかりそうなトラップだ。思わずゾッとしていると、隣にいた男性が信じられないような言葉を重ねた。

「まったく、気の荒い神様だよな。何かあると、村の外にまで、しょっちゅう出て行ってしまうしさ」

か」

「は？　誰が？」

「うちの神様」

当たり前のように、彼は笑った。仰天して、私は訊いた。

「出ていくって……。その、皆さん、そういうモノをご覧になったことがあるんですか」

やや口ごもってしまった私に、老人がひとつ頷いた。そして、それをきっかけに、ほかの人々が口を開いた。

「大体、夜に見るけれど、昔は昼間も飛んでいたよな」

「ああ、ビューってな。真っ赤な火の玉みたいになって」

「最近は随分、大人しくなってしまったなあ。やっぱり、戦争で負けたのが原因かね」

「戦争のときは激しかったな」

「ありゃ、すごかった。暫く帰ってこなかったし」

神国日本……。

いやいや、この人達は全員で、余所者をからかっているのだろうか。

返す言葉も見つからず、薄ら笑いを浮かべていると、壮年の男が近寄って来た。

彼は話には加わらず、妙に深刻な顔をして、隅にいた白鬚（しろひげ）の老人に向かって腰を屈（かが）

めて、話し始めた。

少し席が離れていたため、はっきりとは聞き取れなかったが、どうやら山に入ったときにナニカに遭遇してしまい、そのときに取った処理法の当否を尋ねているようだった。

男の話を聞き終えて、やや明瞭な声で老人が言った。

「それは赤かったか、黒かったか」

「赤かったです」

「なら、大丈夫だ、そのやり方で。黒だと、それじゃ終わらない。黒かったときは、刃物をその部分にこう当てて、こう唱える……」

のち、聞き取れない言葉が続いた。

私はまたも、仰天した。

(今の、まじないの話だよね？ 今のは呪文だよね？ 赤いとか黒いとかって、一体、何が？ ていうか、このお爺さん、何者よ⁉)

加えて、そのやりとりを怪訝な顔ひとつせず、聞き流している村人達は、これまた一体、なんなのか。

呆れる以外にはない。しかし、驚きはそれだけでは終わらなかった。

今度は十代の少女が現れた。

こんな過疎の進んだ村で、若い子を見るとは思わなかった。

(ここからでは学校も遠いはずだし。祭りのときだけ、村に戻ってくるのかな)

いずれにせよ、清潔感のある、初々しい感じの美少女だ。

思わずじっと見つめていると、視線に気づいて、彼女が軽く会釈してきた。と、呪術師めいた老人が、少女の手を引いて前に立たせた。

彼は私に向かって言った。

「この子は、神様の子孫なんだよ」

「は？」

これもまた、まったく意味不明。老人は続ける。

「代々そうなんだけど、曾祖父さんはすごい力を持った神様でね、今は暗くて見えないが、山の上にある大岩を、祈りで割ってしまうほどだったんだ。この子も結構、できるんだよね？」

老人が少女に視線を向ける。

少女は否定をすることもなく「えへへ」と照れ笑いをするのみだ。

「…………」

ここで漸くひとつ、わかった。

少女の祖先の「神様」は、いわゆる霊能者や祈禱師を指す、この地方あるいは村の呼称だ。

同じ呼び方は各地にある。

少女はそういう霊的に優れた資質を持った一族の、末裔という立場なのだろう。そして多分、呪術指南をした老人も、村の中で似たような役割を担っているに違いない。

ここの村は神楽のみ、古式を留めているわけではないのだ。呪術や呪術師を含めた共同体の形をも、古のまま残しているのだ。

凄い。

私は感激した。

しかし、これですべての疑問が解けたというわけではない。

赤い火の玉となって飛び回る神の話は、なんなのか。それを見たと言う、村人の話は果たして、真実なのか。

再び神楽に戻っても、私はもやもやし続けていた。

その疑問が疑問のまま、驚愕にすり替わったのは、明け方近くのことだった。

夜明けと共に神楽は終わり、続いて、神を返す儀礼が始まった。

神主さんの指示に従い、村人達は部屋の中央に道を作って、両側に並ぶ。その幅だけ、板戸が開けられた。

これが、神の帰る道だ。

私も列の端に加わった。

神主さんが祝詞を挙げる。

――と、村人達の視線が動いた。

何かの姿を追うように、祭壇から山のほうへと、全員の視線が流れたのだ。

(い、一体、何を見てるんだあ!?)

彼らの眼差しは絶対に、私には見えない何かを注視していた。

それが赤い火の玉なのか、別の何かだったのか、私にはわからなかったけど……。

神がいて、呪術師がいて、村の人達すべてが、その存在を受け容れる以上の能力を持つ地。

そんな場所が日本に残っていることは、心強い反面、空恐ろしい。

夜神楽を通して、私は日本人でありながら、日本人の一面にすっかり恐れ入ってしまったのだった。

其ノ十六

雑踏の話

前章にて、人混みが苦手だと記した。

しかし、生まれも育ちも東京のため、繁華街や駅の雑踏には、どうしても身を置かざるを得なくなる。そのときはうまく感覚をコントロールしていかないと、結構、辛い思いをする。

霊感などの話ではない。

多分、都市部に住む人は、大多数がその技を無意識のうちに身につけている。

以前、聞いたところによると、他人同士における個々の適正距離というのは、約一・二メートルなのだとか。ラッシュ時の電車や繁華街では、その距離はとても保てない。そういうとき、人は無意識に己の感覚を遮断するのだ。

また、人づてに聞いた話だが、沖縄出身の某ミュージシャンは後ろから車が走ってくると、振り返ることなく、車種や乗っている人数までがわかったという。だが、東京に出てきて暫く経つと、その感覚が失せてしまった。彼はそれに危機感を覚えて、故郷・沖縄に戻った、と。

その気持ちはよくわかる。

私ですら、長く都会から離れていると、勘が研ぎ澄まされてくる。そして、東京に戻った途端、眩暈や吐き気に襲われるのだ。

東海道新幹線なら、品川に近づく辺りから気分が悪くなってきて、いざ東京駅に降り立つと、音や人影や人の臭いに、恐怖に似た思いを抱く。

単独の取材旅行ののちは、特にそうなる場合が多い。多分、些細なものも見逃さないよう、アンテナを研ぎ澄ましているからだろう。

以前、一ヶ月ほどの間、日本海側をひとりで歩いたことがある。

必要なとき以外、誰とも喋らず、ただ黙々と歩いていると、半月近く経ったときから、自分自身でも呆れるほど勘が鋭くなってきた。

どこで、今、誰が誰と、私のことを話しているとか。

誰かが、電話を掛けてくるとか。

道の先にどんな人が何人いて、何をしているとか。

ごく自然にわかるのだ。

（これはマズイ）

私は戦（おのの）いた。

このまま東京に戻ったら、大変なことになるだろう。

案の定、帰った途端、私は具合が悪くなり、ほぼ半月の間、家の中に引き籠もるハメになってしまった。

都市部では、あらゆる意味での情報過多が心身へのダメージとなる。そのため、人は無意識に感覚を鈍くして身を守るのだ。

蠢（うごめ）くのは、現実的な人の気配ばかりではない。

繁華街では、思わぬモノに出くわしてしまうこともある。

以前、渋谷の歩道橋の上で、ひとりの男性とすれ違った。

昼日中（ひるひなか）にも拘わらず、私はそのとき、男の姿が真っ黒な影にしか見えなかった。

（あれ？　今の人は）

思った途端、膝からがくっと力が抜けて、私は手摺（てすり）に取り縋った。膝が細かく震えている。その体の異状を己の目で確認し、一瞬後、私は自分が恐怖に囚（とら）われているのを理解した。

男の姿を思い起こすと、冷や汗が流れるほど怖い。それどころか、半分、腰が抜けている。

(どうして)

理由もわからないまま俯く私の後ろから、少し遅れていた友達が小走りで駆け寄ってきた。

「今、すれ違った男の人、すごく怖かった。人でも殺してきたような感じがしたよ」

無論、真実はわからない。友人が男の何を見て、そう感じたのかも確かめなかった。

けれど、私は頷いた。

血塗れの凶器を持った殺人犯に見据えられたら、確かに腰も抜けるだろう、と。

――別のとき。

繁華街から少し離れた住宅街の近くを歩いた。

なんの変哲もない角を曲がった途端、私は蹈鞴を踏んで、立ち止まった。

やはり日中にも拘わらず、道の先が怖くなったのだ。

だが、このときは約束があったこともあり、そのまま道を進んでいった。息を詰め、体を強ばらせていたものの、ほんの数歩踏み込んだだけで、結局、耐えられなくなって、私はばたばた駆け出した。

無事に道を抜けたときは、手の先が冷たくなっていた。

そのときも、理由はわからなかった。

息を呑んだのは、後日、自宅でテレビを観ていたときだった。

記憶している風景が、ニュース映像として流れていた。

アナウンサーは、私が通った道の脇に置かれたゴミ袋から、切断された人体の一部が発見されたと伝えていた。

数日前、あそこを通ったとき、ゴミ袋はなかったはずだ。

とすると、あのとき感じた恐怖は、何かの予兆だったのか。

早、数年前の話だが、今でも、立ち止まった先に延びていた道の様子を憶えている。予感でも、ただの気のせいでも、私にとってのあの場所は、記憶に叩き込まれるほどの恐怖を伴った場所だったのだ。

事件や事故現場のみではない。

人の多い場所は、どことなく有機的な死の臭いがする。新宿・渋谷・池袋……そういう場所に行くとき、私はなるべく余所見をしないで歩く。

脅かすつもりはないのだが、本当にトラップはどこにでもある。

繁華街で見かけるモノは大概、禍々しくて可愛げがない。上半身しかないサラリーマンなど、まだ愛嬌があるほうだ。目の端を横切る幽霊は、気づかないふりをすれば、やり過ごせる。

厄介なのは、場所そのものが変質してしまっていたり、妖怪としか言いようのないナニカに遭遇するときだ。

夜明けまで新宿で飲んでいたとき、私は知人に連れられて歌舞伎町の路地に入っていった。

少し歩くと、お定まりの緊張感が募ってきた。もちろん連れには言わないが、こうなるともう、一瞬で宴会気分は失せてしまう。

ひとりで緊張していると、人混みが分かれて、ビルの狭間に暗い空き地があるのが見えた。

反射的に、私は俯いた。

(見ない、見ない、見ない、見ない)

心で唱えるのは、それだけだ。

しかし、既に脳裏には摩耗(まもう)した石仏が何体か、街灯とネオンに照らされて立っている映像が焼きついていた。

(こんな場所に?)

忌避する反面、職業病としての好奇心が湧く。

（お寺でも建っていたのかしら）

三次会の席に落ち着いてのち、私は案内をしてくれた人にそっと訊いてみた。

「さっきの空き地は何なんですか。お寺の跡地なんですか」

これもまた、お定まりの答えが返ってきた。

「そんな空き地、近くにないよ」

——同じく新宿のアルタ前近くにて、変なモノにぶつかったこともある。

夕方、雑踏の中を駅へと向かうと、突然、空気圧が変化した。同時に景色が色褪（いろあ）せて、微妙に歪んだように思えた。

澱んだ空気の塊に包まれてしまったような感じだ。驚き、私は足を速めた。一メートル強で、気配は戻った。

町を歩いていると、ときどき、空気が変わることがある。しかし、ここまであからさまな差違があり、かつ気味悪く感じたことは、そのときが初めてだった。

ぶよぶよに腐敗した有機物の中に、突っ込んでしまった感覚だ。

（ヤバイものに触ってしまった）

自宅に戻る前に、どこかの神社にお参りしたほうがいいかも知れない。

考えつつも、私は振り向いた。

好奇心というのはどうにもならない。初めての経験に、そこを観察したくなったのだ。

もちろん、常ならぬモノが視界に映じるわけではない。ただ、道の端に佇んで、人の往来を眺めていると、ときどき、そこを迂回して歩く人が見出された。

やはり、わかる人にはわかるのだろう。それと同時に、中に踏み込んだ何割かが、顎を上げる姿が目立った。

私が気味悪く感じた場所で、なぜか多くの人達が上のほうを見るように、くいっと顎を上げるのだ。

まるで、酸欠になった金魚が喘いでいるような仕草だ。

（やっぱり、何かがあそこにある……いる）

意識するしないに拘わらず、人の本能はそれを感じ取る。

私は半ば感心しながら、少しの間、観察を続けた。そうして、ふと気がついた。

顎を上げる人々の位置が、微妙に変化している。

徐々に、こちらに近づいている。

慌てて、私はその場を離れた。

混乱に似た恐怖が湧いた。

場所が悪いことはある。幽霊なんかが憑いてくることもままある。けれど、あんな得体の知れない気配が移動するとは、どういうことだ。

浮遊しているということか。それとも、意思を持っているのか。

確かに過去、そしてのちの日、同じ場所を通ったときは、格別、何も感じなかった。一過性のモノならばいい。勘違いなら尚更いいが、万が一、あんな汚いモノが動き回っているならば。そうして、ナメクジの這い跡のごとく、町のあちこちに禍々しい気配を残しているとしたら……。

それから暫く、注意して雑踏を歩いていると、そこまでの大きさはないものの、ときどき、似たような気配にぶつかることがわかってきた。

それは場所を定めずに、あちこちに転がり、たぐまっている。

都会以外では見かけない。雑踏の外でも出会わない。やつらは一体、何なのか。

各国各地の風土によって、動植物はもとより、妖怪の種類やオバケの出方も違う。ならば、都会の雑踏には、その環境に適応したナニカが棲んでいるということか。中に長く身を置くと、人はどうなってしまうのか。

気づいたのは、ほんの数年前だ。

以来、私は前よりも人混みが苦手になってしまった。
都会で暮らすには、ある程度、鈍くならねばやっていけない。
しかし、鈍くなりすぎるのも危険だ、と最近は思うのだ。

其ノ十七

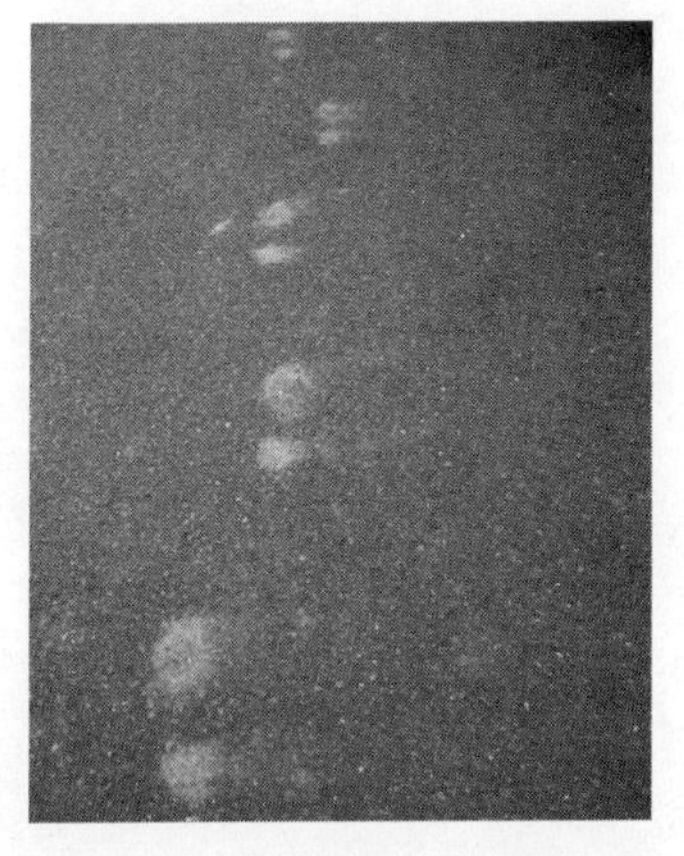

友人の話　前編

「一番怖いものはなんですか」

この質問に対しては、

「人間です」

と答えるのが、世間ではひとつのパターンになっている。

確かに、人間という生き物は怖い。地球環境を考えても、最近つくづく、人というのはろくなもんじゃないなあ、と思ってしまう。

「人間です」と答えた人も、測りきれない行動や思考に恐怖を抱くのだろう。

悪意は怖い。憎悪は怖い。嫉妬や殺意はもちろんのこと。そういったものを向けられると、人はたちまち弱ってしまう。

目に見えるものばかりではない。

怪談の中でも、生霊（いきりょう）は『源氏物語』の時代から手に負えないものとされ、現代の怪談シーンでも、かなりの割合を占めている。

大概の場合は悪意だ。しかし、決してこの念は、負の感情ばかりではない。

過ぎた思いもまた、ストーカーじみた念となり、人に取り憑くことがある。

私がそれに気がついたのは、数年前のことだった……。

長いつきあいの友人がいる。

仮に、M子としておこう。

彼女は元々、真面目で愛情深い女性なのだが、その性格が災いし、ご家族が急死したのをきっかけに、すっかり体調を崩してしまった。

入院するほどではないが、薬と縁が切れなくなり、かつまたショックから立ち直れずに、精神的にも不安定になった。

身内の不幸だ。落ち込まないほうがおかしい。不器用ゆえ、慰める方法もよくわからずに、私はただ「日薬(ひぐすり)」を信じて、彼女の恢復(かいふく)を願っていた。

今考えると煩(うるさ)いほど、私はしょっちゅうM子に電話を掛けた。家族が亡くなったことで、彼女はひとり暮らしになってしまった。だから、体調のことなどを考えると、放っておけなかったのだ。

ただ、M子には私よりもつきあいの古い、男友達がひとりいた。聞くと、彼もまた毎日のように電話を掛けてくれるという。

彼の話は色々と、今までM子から聞かされていた。葬儀のとき、顔も見ていた。挨拶こそ交わさなかったが、そこまで親身になってくれるなら、心強いことだと思った。

しかし、M子の心身はなかなか本調子に戻らなかった。

いや、問題は体調というより、心のほうにあるようだった。

以前はとても活発だったにも拘わらず、家に籠もりがちになり、「面倒くさい」が口癖になった。

一年目なら、まだ理解できる。しかし、二年、三年経っても、元気を取り戻す様子はなかった。

――鬱かも知れない。

私は思った。だが、過去に見聞きした鬱病の人とは、どこか違うとも考えた。この病気にも色々なパターンがあるらしいので、素人判断はできない。が、

――なんか、違うな。

私は首を捻っていた。

何よりも、病気のせいとは思われないのは、運の悪さだ。

何かをしようとすると、邪魔が入ったようにできなくなり、精神的に元気になってくると、引きずり降ろされるように病状が悪化する。

どんな病気も、気持ち次第で軽減すると言われている。しかも、M子の病はストレスによって、引き起こされる類のものだった。なのに、どうして病状は、気持ちと逆に悪化するのか。

私は不思議に思っていた。

そんなある日、私はM子を自宅に誘った。

「たまには泊まりがけで遊びに来なよ」

渋々ではあったが、彼女は誘いに乗った。

本人、もともと活発なのだ。家に引き籠もっているのは、心のどこかで退屈だったに違いない。

私は彼女を家に招いて、くだらない四方山話に花を咲かせた。

やがて、M子は先に布団に入った。

私は仕事があったので、深夜を回っても起きていた。斜め脇に、彼女の寝顔が見える。

呼んでおいて、ひどい話だが、当時の家には客間がなく、M子は私の仕事場で寝ていた。そして、明るくても平気だという言葉に甘え、私はその隣で仕事をしていたのだ。

ときどき見る彼女の寝顔は、眉を寄せ、お世辞にも穏やかとは言えないものだった。

やはり、まだまだ辛いのだろうか。

そんなことを思いつつ、明け方近くまで仕事をし、私はふと、振り向いた。

相変わらず、M子の寝顔が見える。

いや、目を開けている。

いいや、違う。

見えたのは、友人の顔ではなかった。

M子の顔の上にべったりと、男のマスクが貼りついていた。虚ろな目を見開いて、口に笑みを湛えている。

それは一瞬ののちに消えた。だが、私はその顔を知っていた。

彼女の「男友達」だ。

見直したM子の寝顔は、依然として険しいままだ。

それを見ながら、私は悩んだ。

（生霊……だよな）

直感として、そう思った。が、彼はM子を案じてくれているはずだ。立場としては、私と同じ。そういう人を悪く思うのは、どう考えても理不尽だろう。

ただ、私は彼に関しては、昔から引っかかりを覚えていた。性格はともかく、その男性は某新興宗教団体の熱心な信者――幹部だったのだ。

私はそこの宗教が嫌いだったので、当然ながら、その男性にもある種の偏見を抱いていた。但し、話を聞く限り、信仰している人ならではの生真面目さを持っていたので、自分の好悪で、M子のつきあいに干渉することはしなかったのだ。

とはいえ、気になって仕方ない。

翌朝、私は何気なく、M子から彼の話を聞いた。

彼はほぼ毎晩、電話をくれて、調子はどうだ、様子はどうだ、と彼女を気遣ってくれるという。

「で、M子はなんて答えているの？」

「大概は愚痴になっちゃうのよねえ」

「あんた、まさか、例の宗教に勧誘されてたりしないでしょうね」

「それはないわよ。以前から、きっぱり断っているから。でも、彼は個人的に、教祖に私のこととかも頼んでくれているみたい」

「頼むって？」

つい、口調がきつくなる。M子は曖昧な顔で笑った。

「だから、私が元気になるようにって、祈禱をね……」

「何それ。気味悪くない？」

「どうして。彼の好意だし、別にこっちに何があるっていうわけでもないし」

祈禱というのは、一種の念だ。

私は私の友人が、わけのわからない無気味な念に搦め捕られているような不安を感じた。

しかし、確かに現実的な被害もないし、悪意もない。

そのとき、私はそのまま黙った。けれども、心の中に芽生えた不安はずっと残っていた。

数ヶ月後、私はまた、家に引き籠もりがちなM子を誘った。

季節は新緑の頃だった。山はきっと気持ちよかろう。

私はハイキングに行こうと言った。

その頃、M子は以前より一層、「面倒くさい」が多くなっていた。ゆえに、断られることを覚悟しての誘いだったが、どういう風の吹き回しか、彼女は私の誘いに乗った。

「どこに行きたい？」

「そうね。高尾山とかどうかしら」

「いいね」

未だ例の男のことが頭から離れなかった私は、この選択に膝を叩いた。

高尾山は霊山だ。

(気休めでいい。でも、もしかしたら、厄祓いになるかも知れない)

日取りを決めて、私達は某日、新宿駅で待ち合わせをした。

——当日。

M子は約束の時間に、大幅に遅れた。

雑踏から出てきた彼女は、まったくひどい顔色をしていた。

「朝から気分が悪くなっちゃって……。でも、行きたかったから来たの」

またも、楽しいことを控えての持病の悪化だ。帰らせたほうがいいかも知れない。

しかし、私の頭は既に、オカルト・モードに切り替わっていた。

何かに取り憑かれている人は、神社などでお祓いを受けようとすると、急に行きたがらなくなったり、行けなくなったり、病気になったりするという。

これも同じなのではないか。

（とすると、高尾山は彼女にとって、祓いの効果があることになる）

真っ青な顔をしながらも、M子はリタイアを申し出ない。

私に気を遣っているだけかもしれないが、これもまた、もしかすると、彼女の何かが行くことを欲している証かもしれない。

まあ、新興宗教とオカルト女のどちらがマシかは不明だが、私はそのとき、そう思い、彼女が中止を申し出ないのをいいことに、高尾山行きの電車に乗った。

登山口の手前で、名物の蕎麦を食べたのち、我々は山に登り始めた。

ケーブルカーは使わずに、正式な表参道を登っていく。

相変わらずM子は辛そうだったが、金比羅神社を過ぎた辺りから、徐々に元気を取り戻し、参拝を終えて頂上に至った頃には笑顔も出、血色も大分、良くなっていた。

「なんか、すっきりした。来て良かった」

M子は言った。

（やっぱり、お祓いになったかな）

病人を山に登らせるとは、常識的には無謀な行為だ。だが、今回の登山は、少なくとも悪い結果にはならなかったらしい。

私自身も気分が晴れた。

このハイキングで、M子の心が少しでも、元に戻ってくれれば嬉しい。

楽しい思い出を収めたフィルムは、即日、ラボに持っていった（アナログ好きな私は当時、まだデジカメを持っていなかったのだ）。早く、M子に送ってあげたい。

翌日、すぐに引き取りに行き、私はできあがった写真を見つめた。

そうして、中の一枚に、思わず息を詰まらせた。

神社を背に、M子が立っている。

その体に紐状の白い靄が巻きついていた。

靄の形は蛇に似ていた。

彼女の頭上でS字にくねり、鎌首をM子に向けていた。

その先に人らしき顔がある。

文字どおり、口が耳まで裂けた異形（いぎょう）——化け物の顔だった。

其ノ十八

友人の話　後編

人の顔とは思えなかった。

私はひとり、印画紙に写った靄をじっと凝視した。

心霊写真のほとんどは光線の加減か、目の錯覚と言われている。しかしM子の肢体に巻きついた白い紐状の靄はどう見ても、人面蛇体の薄気味悪い化け物にしか見えなかった。

当日、靄が漂っていて、それがたまたま何かの姿を取ったというなら理解はできる。けれども、その日は汗ばむほどの快晴だった。背景の空にも雲ひとつない。

だから、これはどう見ても……。

脳裏に、彼女の男友達のことが浮かんだ。

だが、この顔は当人のものとは言い難い。人よりももっと禍々しい、厄神ともいうべきモノに思えた。

（どうしよう）

鳥肌が立つのを覚えつつ、私は困惑し、恐怖した。

M子に憑いているモノは、ただの生霊ではないのかも知れない。

男は新興宗教の幹部だ。しかも、その立場を活かして、教祖に直にM子への祈禱を頼んでいるという。

そういう念が、個人の思いを増幅、あるいは変形させて、人外のモノと化現して、絡みついているのではなかろうか。

想像力過多の懸念はある。加えて、男の宗教に対する偏見も大きいに違いない。しかし、理屈を超えたところで、私はそう思ってしまった。

（どうしよう）

こんなもの、どうすればいいのか、わからない。

自分はお祓いもできないし、もちろん、伝奇アクションじみた対抗手段も持っていない。まずいと感じても、感じるだけだ。とはいえ、まずいと感じたことを、そのままにしておくのも怖い。

私はこの手の処理の王道として、写真を燃やすことにした。

効果のほどは知らないが、それしか思いつかなかったのだ。

プリントとネガを皿に入れ、台所の流しに置いたのち、ライターで端に火を点ける。

だが、点火した面が皿に接触し、小さな火はすぐに消えてしまった。本当は触りたくもなかったが、仕方がないので写真の端を少し折る。しかし、それでも写真は細い煙を出しただけのことだった。

（写真って、燃えにくいんだな）

私はそう考えて、付け木代わりに丸めたティッシュを上に重ねた。ティッシュにはすぐ火が点いた。が、下には、炎はほとんど移らなかった。

ティッシュを下に置いてみる。

写真の状態に変化はない。

次に、私はマッチを重ねた。それでもさしたる成果は出なかったので、ライターのオイルを出してきた。

焼き網で、とも考えたのだが、灰が下に落ちるのが嫌だった。とはいえ、台所でやっているので、なるべく火は大きくしたくない。

加減しながら、オイルを少し振りかけて、火を点けたマッチを上から落とす。

青い炎が上がり、写真が捩(よじ)れた。これで漸く……と思ったものの、オイルの火はまた、すぐに消え、写真も一部が焦げただけだ。

少し、オイルの量を増やす。

それでも写真は燃えづらかったが、その分だけの成果は上がった。

少しずつ、少しずつ、私はオイルを増やしていった。

何十回目かのマッチを擦ったとき、私は自分の指先が細かく戦慄いているのに気がついた。

途端、閉じ込めていた恐怖が噴き出して、顔が歪んだ。

ちらっと、時計を見る。

台所に立ってから、一時間以上が経過していた。

馬鹿な。

手の震えが大きくなった。

時計など見るべきではなかった。

私は息を呑み、写真の上に大量のオイルを撒き散らした。

買って間もないジッポーのオイルは、既に半分に減っている。

写真一枚。ネガ一片。それだけを燃やすのに、なぜこんなにも時間が掛かり、こんなにもオイルを使うのか。

想像できることはあったが、敢えて頭から追い出した。

私はオイルでびしょびしょに濡れてしまった写真とネガに、火を点けた数本のマッチを落とした。

炎が顔の前まで上がる。

(これで火事になったら、ほんとにもう、祟りだよ)

思ったものの、幸い火事も火傷もなく、炎はゆっくり収まった。皿を見ると、根負けしたのか、写真は白い灰に変わっていた。

息をつく。

肩がひどく凝っていた。

私はその灰を慎重に配水管に流しつつ、舌打ちをして、決意を固めた。

——これはもう、M子に言うしかない。


数日後、私は彼女に会って、思っていることと起きたことのすべてを話した。

M子は私の友人ながら、オカルトには縁がない。いや、知識はかなり持っているし、幽霊も信じているけれど、いわゆる心霊体験は皆無という人だった。

いつも、他人事として話を愉しんでいた彼女が、当事者になったらどうなるのか。猛烈に反発するのではなかろうか……。

私は危惧し、かなりソフトに話をした。が、案の定、M子はすべてを否定した。まったく実感がないのだから、これは仕方のないことだ。ましてや、自分の友人が悪者となれば、抵抗も大きくなるに違いない。また、オカルト的な眼差しで見ても、渦中にいる人間が否定や怒りを現すのは、典型的なパターンと言えた。

ふたりはほぼ口論となった。

私はひたすら男と縁を切れと言い、彼女は男を擁護し続けた。傍から見れば、おかしいのは私のほうだ。それはわかっていたけれど、私は主張を繰り返した。

M子は怒った。

「だって、親切からやってくれていることでしょう? あなたがそこの宗教が嫌いだからって、別に犯罪じゃないんだし、なんの迷惑もかかってないんだし、放っておいてほしいんだけど」

「だけど」

「毎日電話掛けてくるのは、確かにね、ときどきはウザイと思うけど、ほんの十分程度なのよ。それで彼の気が済むのなら、私はまったく構わないの」

「十分で何を話すのよ」

「だから、前にも言ったでしょう。調子はどうかと訊いてくるから、いつもだるいとかイマイチとか……。そうすると、慰めてくれるだけ」

「いつも？」

「そうよ」

M子は頷く。

その答えを聞いた途端、何かが理解できたような気がした。

私は口調を改めた。

「わかったわ。じゃあ、ひとつだけ、やってみて欲しいことがあるんだけど」

「何よ」

M子は警戒心剝き出しだ。私は慎重に言葉を継いだ。

「嘘でもいいからさ。今晩から様子を訊かれたら、『お陰様で、体調も気分も絶好調だ』と言ってくれない？」

「なんで」

「なんででも。そのくらいなら、やってくれてもいいよね？　M子」

「構わないけど……」

彼女は怪訝な顔をした。

「それで、彼から電話が来ない日は、絶対、自分から掛けないで」

「向こうが毎日、掛けてくるのよ」

「だったら、それも簡単だよね。相手に自分の幸福を語り、自分からは電話を掛けない。それを暫く続けてくれない？」

別れろと言うのは、確かに無理だ。だが、愚痴ばかり聞かせても、彼も心配するだけだろう。向こうはM子の幸福を願って祈禱をしてくれているのだ。ならば、嘘でも、少しは効果の出ていることを言ってあげてもいいはずだ。

私はそんなことを言い連ねた。

結局、彼女は最後まで怪訝な表情を崩さなかったが、その程度のことならと、最終的には譲歩した。

「約束だよ」

「……わかったわ」

私は何度も念を押し、その話題はそこで打ち切った。

M子から連絡が来たのは、四日ののちだった。

「どうした？　約束守ってくれた？」

開口一番、私は訊いた。

「それがさ」

彼女は口籠もった。

「言うとおり、何の問題もないって言ってから……一度も電話が掛かってこないの」

「そう」

私は頷いた。

やっぱりね、という言葉は口にしなかった。

――以前、聞いたことがある。

人の不幸を栄養にする奴らがいる、と。

愚痴や嘆きを糧にして、肥え太るナニカがこの世にある、と。

常々、私は宗教にハマる人達の一部に疑問を持っていた。

そういう人達の何割かは、最初、何か問題があり、医者にかかるのと同じ気持ちで宗教施設に通い始める。

だが、苦しいときの神頼みという言葉のとおり、不幸ゆえに祈願を頼んだ人達は、問題が解決したときに、信心を忘れるのが常道だ。

実際、一般の社寺に祈願して、願いが叶った人のどれほどが、お礼参りに行き、または信心を継続しているだろう。

その確率の低さを思えば、新興宗教の施設に継続して通い続けるのは不自然なのだ。足が遠退かない理由のひとつは、組織や機構が抜けづらいシステムを持っているからに違いない。

だが、そこにはもうひとつ、不思議な理由が存在している。

当初の問題が解決すると、どういうわけか、より大きな問題が起きることが、ままあるのだ。

また、敢えて己の不幸せを肥大させてアピールし、その団体に居続ける意味を、自ら作る人も少なくない。

サークル感覚で参加するのが楽しくて、理由を作る場合もあるだろう。寂しさもあるのかも知れない。

しかし、私はそれだけとは思わない。

不幸が好きなナニモノかと、不幸を語るのが好きな人達が集っている場所が聖域になるとも、私は思っていない。

数ヶ月後。

件の男性から、M子に誕生日プレゼントが郵送されてきた。

そこには他人行儀な調子で、「あなたの幸せを願っている」と記されたカードが添えられていた。

彼とは、もうそれっきり……。

M子の体調は徐々に戻った。精神的にも、活発になった。

あれから数年。

その話が出るたびに、彼女は不思議な顔をする。

なぜ、彼は二度と連絡をよこさなかったのか。

そして、どうして、私はあのとき、あんなにすべてが不運だったのだろうか、と。

其ノ十九

シャーマンの話

元々、楽器というものは神を降ろすための道具であり、ゆえに、音楽も遡れば、神に捧げるためのものだった。

神楽歌も聖歌も祭り囃子（ばやし）も、根本的な目的は変わらない。

いや、ポップスも演歌も同じ。ダンスや演劇も似たようなものだ。

なぜなら、芸能というもの自体が、シャーマンの所作（しょさ）や行動・憑依（ひょうい）が源になっているからだ。

それを芸術と捉えるか神事と捉えるかは場面場面で異なるだろうが、ときどき民族音楽のコンサートという形式で、世界各国のシャーマン達が招待されて、一般の舞台に立つことがある。

ある夏、私は知人に誘われ、シベリア・シャーマンの公演を観にいった。

予備知識は何もなかったが、冒頭、司会者の説明によると、ふたりのシャーマンが来日していて、交互にパフォーマンスを演じるという。

最初に出てくるのは「白いシャーマン」。彼は清らかな精霊を呼び、場を清める。

次に登場するのは「黒いシャーマン」。こちらは祖霊を呼び出して、日本的に言うならば、鎮魂の役を負う人だ。

黒・霊魂と聞くと、我々は悪しきものを想像しがちだが、シベリアの黒いシャーマンは招霊したのち、魂を慰撫してあの世に戻すらしい。

はっきり機能を記せないのは、通訳兼司会の女性に民俗学的な知識がなくて、非常に言葉足らずだったからだ。まあ、音楽としての紹介なのだから、しょうがないとも言えるけど、私のこの説明に誤謬があった場合に備えて、予防線を張らせて頂く。

それはともかく、満席となった会場からの拍手を浴びて、最初に登場した白いシャーマンは、なんとも言えない神々しさを帯びていた。

白く長いローブを纏い、頭に白い羽根飾りを付けた姿は、ファンタジー映画の登場人物そのままだ。

彼は鷹揚で穏やかな笑みを浮かべて、ホールを言祝ぎ、浄化した。朗々と響く歌声は、グレゴリオ聖歌にも通じるような宗教性を帯びている。

まさに、「善き魔法使い」。

私は広大なシベリアの地に彼の声が響き渡るところを想像し、その美しさにしばし酔った。

やがて、盛大な拍手に送られ、白いシャーマンは舞台を去った。

次に登場するのは「黒いシャーマン」だ。

相変わらず辿々（たどたど）しい説明によると、彼には羊の守護（パワー・アニマル）が憑いていて、今回も、十匹近い見えない羊と共に来日したのだとか。

一緒に飛行機に乗っているところを想像すると、なんとも言えず微笑ましい。

思わずにやにやしていると、会場の明かりが静かに落ちて、薄赤いスポットライトのみとなった。

霊魂相手ということでの演出だろう。

金属の擦れ合う音がする。

黒いシャーマンの登場だ。

白いシャーマンよりひとまわり小柄な男性は、全身に金属の小片を帯び、手に盾のようなものを持っていた。

金属というものは、世界的に邪霊を退ける物質とみなされている。シベリアの黒いシャーマンは憑依型ではないようだったが、余計なモノが来ないための用心はしているということか。

しかし——。

暗がりの中で、唱え事をしながら体を揺らし始めた彼を見て、私はふと、不安になった。

白いシャーマンは精霊を呼ぶと言いつつも、行為の目的は祓いと浄化だ。たとえ、遠い故郷から精霊がやってこなくとも、会場にさしたる支障はない。

だが、黒いシャーマンの目的は、死者の霊を呼ぶことにある。

彼はシベリアで眠る誰かの祖先を、ここまで呼びつけるのか。それとも、会場界隈に彷徨う日本の霊を招くのか。

たとえ、彼のやることが公演用のパフォーマンスで、本気を出していないとしても、形を真似れば、実の入ることもある。黒いシャーマンはそのことをどこまで考えて、やっているのか。

——いや、この言い方はプロに対して不遜だろう。

私が一番心配したのは、もし彼の声に反応し、日本の幽霊が寄ってきたとき、果たしてシベリアのシャーマンが上手く捌けるのか、ということだった。

霊魂観というものは、国や宗教によってかなり異なる。

幽霊を信じる私としては、そういう差違によって、死者の態度や反応にも、お国柄と言うべきものがあるのではないかと考えたのだ。

（来ないといいけど……。来る気がするな）

案の定、程なく会場の空気が変わった。

私は黒いシャーマンの背後に漂う影を認めた。

錯覚か、と思った瞬間、黒いシャーマンが振り向いた。

彼は何かを唱えつつ、影の辺りに手を振りかざした。

行為の意味はわからない。けれども、自分の見たモノに、彼が反応したことはなんとも感慨深かった。

だが、影はそれのみでは終わらなかった。

次に舞台の袖から、女の顔がちらりと覗いた。シャーマンはまた、そちらに向かう。

その隙、逆側後方に舞台の暗がりよりも濃い、黒い影が蠢（うごめ）いた。

黒いシャーマンがそこを見る。しかし、そのときはもう、彼の背後に数人の気配があるようだった。

予想外の展開に、私は呆然と舞台を見つめた。

（シベリアのシャーマンって、一度にこんなに大勢呼ぶの？）

感心したものの、時が経つほど、なんだか彼の様子がおかしくなってきた。

黒いシャーマンは怯えたように、落ち着きなく辺りを見渡して、影の濃いところから、むしろ逃げる素振りを見せ始めたのだ。

（もしかして、あの人、焦っている……？）

この大量「呼び込み」は黒いシャーマン当人にとっても、予想外のことだったのか。それとも落ち着きのないこの素振りも、一連の儀式に組み込まれたものなのか。

悩んでいると、黒いシャーマンは舞台の袖に駆け込んだ。

——幕間。

なるほど。ここまでが「呼び込み」か。きっと、次には「送る」アイテムを持ってきて、鎮魂供養をするのだろう。

私は勝手にストーリーを作った。

しかし、黒いシャーマンはいつまで経っても戻らなかった。

十分近くが経過して、観客席がざわつき始めた。

私は眉を顰めつつ、舞台のみならず、客席の方まで彷徨い出てきた薄い影に視線を投げた。

（早く、この始末をつけてくれ）

まさか、放りっぱなしということはあるまいに。

さすがに苛々し始めたとき、突然、舞台の照明が、目が痛くなるほど明るくなった。そして、困惑の表情を浮かべた司会者が現れた。

「皆様、お待たせして申し訳ございませんでした。黒いシャーマンの方が、その、この場で、これ以上のパフォーマンスを続けるのは、自分の神が許可しないということで……。突然ですが、皆で相談した結果、この先、プログラムを変更して、再び白いシャーマンにご登場頂くことにしました。皆様、もう一度、拍手をもって、お迎えください」

歯切れの悪い言葉を聞いて、私はぽかんと口を開いた。

やはり、彼は呼び出しすぎてしまったのだ。

そして、シベリアの作法では祓うことも慰めることも叶わずに、日本の霊から逃げ出したのだ。

想像するに、かの地の霊は気候同様、日本よりもさっぱりしているのではなかろうか。加えて、近代的なホールに、こんなにも大量の霊が来ることも、想定外だったのではなかろうか。

（だけど、それは仕方がないよ）

私は心で呟いた。

場所も季節も悪すぎる。

影が集まり始めたときに、私は気がついていた。

会場の裏は青山霊園だ。そして、今はお盆の最中。

東京有数の心霊スポットで、一年で一番、幽霊達が騒ぐとき、降霊めいた儀式をすれば、供養の行き届かない霊達がどっと集ってくるのは必至だ。

多分、日本の霊能者だって、こんな無謀なことは行うまい。

おかしいやら気の毒やらで、私が苦笑していると、再び白いシャーマンが、微笑みもなく現れた。

彼は一瞬天を仰ぐと、ぐるりと会場を見渡して、観客全員に呼びかけた。

「皆さん。立ち上がって手を繋ぎ、ひとつの輪を作ってください。そして、私の唱える言葉を皆で繰り返してください」

どうやら彼は日本人の力を借りて、この場にいる霊を祓い、もう一度、場を清めようと考えたらしい。

全員が、もちろん私も、立ち上がって手を繋いだ。

会場のライトもすべて点く。

呼び出されて、供養もされずに追い返される霊達には気の毒だったが、今回は仕方ないだろう。私も自分に影響が出るのは回避したかったので、真剣に祓いに参加した。

唱え言葉を繰り返すうち、次第に会場は落ち着いた。

表面的な作法は違えど、霊を呼ぶのも祓うのも、根本は同じことなのか。

しかし、黒いシャーマンは最後まで姿を現さなかった。

(もしかしたら、既に控え室に引っ込んで、倒れているのかも知れないな)

気の毒に……。

多分、彼は二度と日本には来ないだろう。

万が一再来日するときは、体中をお守りだらけでガードするか、羊を百匹連れてくるか、はたまた、すごく気の抜けたパフォーマンスに終始するだろう。

「日本の霊はすごく怖い」

のちのシベリアでの風評を思うと、弁解したい気もするが、お盆中の青山霊園を知ってしまったシャーマンには、何を言っても無駄な気がする。

其ノ二十

腕の話

基本的に、私は「出る」と言われる場所には行きたくないし、嫌な感じのするところに入ってしまった場合は、さっさと退くように心がけている。

しかし、中にはマズイと感じていながらも、何度も訪れなければならないところもあるし、気になって仕方なくなって、自ら足を運んでしまう場所もある。

そんな場所のひとつが関西にあった。

旅好きにも色々あるが、私の場合、仕事には直接繋がらなくとも、何かテーマを決めて旅行をすることが多い。

殊に、ひとつの場所に何度も行くときは、時代を切って回ったり、人物を追いかけたり、と、そのときどきで視点を変える。そうすることで、縁のなかった場所に辿り着いたり、同じ場所に新たな魅力を発見することが叶うのだ。

当時、私は中世の芸能民達の足跡を追い、関西方面に出かけていた。

あの地方の川辺には、かつて「河原者」と称された人々の記憶を持つ場所がある。

もちろん、今は何も残っていないが、そういう場所に佇んで、昔の様子をあれこれと想像するのはかなり楽しい。

ひとり旅だったこともあり、そのとき、私は観光地とはほど遠い川縁(かわべり)をずっと上っていった。

芸能民のいた河原として著名なのは京都の五条だが、目指したのはもっとマイナーな場所だ。

洒落(しゃれ)た店の一軒もない住宅街を歩いていくと、やがて川幅が狭くなり、緑が濃くなってきた。

その辺りになると、川に沿って歩いていくのが難しくなり、私は町中をうろうろしながら、橋を渡るということを繰り返していた。

そんなことをして、何が楽しいのかと訊かれると、はなはだ説明に困るのだが……。

あれは、いくつ目だったのか。車も通れないような小さな橋の上に、私は立った。

両側に木の疎(まば)らに生えた、なんの変哲もない橋だ。

しかし、その上に立った途端、なんとも言えない気分になった。

周囲に人の姿は見えない。にも拘わらず、沢山の人の気配を感じるのだ。

——なんだ？　ここ。

私は四方を見渡した。

川の水量はさほど多くない。歩いて渡れと言われれば、渡れるだろう。両岸は木の植えられた場所を除いて、味気ないコンクリートで固められ、屈曲もなく先に続いている。

怪しいことは何もない。人影もない。車もない。なのに、まるで大勢の人間が囁き、動き回っているごとく、ざわざわと空気が落ち着かない。

旅をしていると、ときどき妙に空気の異なる場所に出る。

そういうところに出くわすたび、不思議に思いはするものの、私はほとんどの場合、立ち止まらないで行き過ぎてきた。

しかし、ここはひどく気になる。

理由がわからなかったので、取り敢えず写真を撮ってみた。そうして先に進んだが、どうにも、あの風景が頭から離れなかったため、その日は適当に切り上げて、宿に戻ることにした。

本を読んで、ベッドに入ったのは、午前一時頃だったと記憶している。

異変はまず、その晩、起きた。

一瞬、足下灯が消えた気がして瞼を開けると、布団の上に、手が載っていた。

肘から下の、だが、人間ではあり得ないほど、細くて真っ白い手だ。

ぎょっとして目を見開くと、それは滑るように移動して、ベッドの下に消えていった。

私は慌てて体を起こし、暫く息を詰めたのち、そっとベッドの下を覗いた。

こういうとき、怖じ気づいて確認しないでいるほうが、むしろ私には怖いのだ。

案の定、下には何もいなかった。ホッと息を漏らしたものの、薄気味悪さは拭えない。

私はその晩、ほとんど眠ることもできずに、そのまま朝を迎えてしまった。

(このホテル、変なモノがいる……)

そのときは単純に、泊まった宿が悪いのだと考えた。

それが濡れ衣だと知ったのは、旅から帰った晩だった。

旅行鞄を放ったまま、居間でひと息ついていると、部屋の隅に前触れもなく、またも片腕が現れた。

今度は男性の右腕だ。

それはゆっくり人差し指を突き出して、部屋のひと隅を指差し、消えた。

私は口を開けたまま、腕のあった空間を凝視した。そして、目をしばたたいたのち、恐る恐る指差した方角に目を向けた。

鞄があった。

見た瞬間、写真のことを思い起こした。

矢も楯もたまらず、デジタルカメラからメモリーカードを抜いて、パソコンに入れる。そして、迷うこともなく、私は例の川の写真を探した。

案の定、と言うべきか、一枚、おかしな写真があった。

空のあるべき場所が暗く沈んで、川全体がトンネルに似た——まるで、墓穴のように見える写真だ。

(一体、ここはなんなんだ)

疑問を持つのは、当然だろう。

無論、良い場所とは思えない。

けれども、私はもう一度、ここに行ってみたいと考えたのだ。

機会は数ヶ月のちに訪れた。

友人にその話をしたところ、京都旅行のついでなら、つきあってもいいと言ってくれたのだ。

実は、そののちも私はたびたび、この世のものならぬ腕を見ていた。あるときは、壁に押された手形のように現れて、またあるときは、何本もの腕が部屋中に散らばっていたりといった具合だ。

幸い実害はなかったので、ノイローゼになる前に慣れてしまったが、腕が現れるたびに、「なぜ」という疑問は募っていった。

私は友人と連れだって、京都観光を楽しんだのち、件の川に向かっていった。意図したわけではないのだが、季節が冬だったこともあり、現地に着いたときはもう、日は半分、暮れかけていた。

これでは心霊スポット巡りだ。

忸怩たる思いが湧いたものの、この機会を逃せはしない。

私は友人を導いて、過日と同じ橋上に立った。

時間的なものもあるのだろうか。立った瞬間から、前回同様、ざわざわという気配が迫ってきた。

友人も何か感じているのか、低い欄干に手を掛けたまま、無言で上流を見つめている。同じ方角に視線を向けると、木々の狭間にある闇に、白い影が過る気がした。目の錯覚にも思われたので、反対方向に視線を向ける。が、影の現れることはない。友人の見る先、それから、何かが囁き交わしているような気配のあるところにのみ、白い何かが過って見える。

少し眉を顰めつつ、私も黙って川上を見た。

十分以上が経過しても、橋を渡る人はいなかった。

闇ばかりが濃くなってくる。

（いつ、切り上げたらいいんだろう）

引き際を計りかねていると、突然、前触れもなく風が渡った。

木々が一斉に影を動かす。

葉擦れの音と共に、空気が乱れる。

一瞬、友人と目が合った。

同時に、言葉も交わさずに、私達は駆け出した。

怖い。

本能として、恐ろしい。

友人の背を見て走る私の足に、何かがまとわりついてきた。

走りづらい。だが、止まれはしない。後ろも振り返れない。

息せき切って車道に出て、それでも暫く小走りで幹線道路に出たのちに、私達はやっと足を緩めた。

「何、あれ」

友人の声が掠れた。

「何が見えたの？」

「大勢の人が……。それから、黒い塊がいくつもいくつも追いかけてきた」

私に人影は見えなかった。

ただ、なんとなく、もたつく足に、腕が絡んできたような……そんな感覚を得たのみだ。

真偽はもちろん、わからない。

友人の見たモノがなんなのか。

自分が見、感じたモノがなんなのか。

あの橋は、川はなんなのか。

それから暫く経ってのち、ある人から、こんな話を聞いた。

近世以前、河川の護岸工事の際に、川の両側を墓地にしたり、死体の一部を埋める風習があったのだ、と。

そうすると、土がよく固まって、土手の決壊が防げるのだ、と。

私が歩いた川沿いに、そんな風習があったのか。確認は当然、取れない。だけど、埋めた死体の一部というのは、もしかしたら腕ではなかったか。

（腕なら、枕木のごとくに並べて、土手の補強になるだろうから）

私はそう推測している。

おわりに

いわゆる実話怪談と呼ばれる本は、これで二冊目。複数の人と語った一夜を加えると、三冊目になる。

ここまで話が尽きないと、もうこれは体質——怪談体質とでも称すべきものに違いない。

それはともかく、前回までは「怪談の神髄は語りにあり」という信条によって、実際、聞き手に話したものをテープから起こして活字にしていた。しかし、今回ははじめから、すべて自分で文章化した。そういう意味では、書いた実話怪談は初めて、ということになる。

信条が変わったわけではない。

怪談を披露するに当たって、一番素敵なシチュエーションは、夜更けに少人数でぼそぼそと語り合うことだ。

古い旅館の一室で、または深夜のファミレスで、眉を顰めたり、牽制混じりの薄笑いを浮かべたりして、この世ならぬモノの話をするのは、なんとも言えない快楽だ。

しかし、いくら「語り」が好きでも、聞いた話や体験をすべてそれで終えてしまうのは、モノ書きの性として、もったいないような気もする。

せっかく、多くのモノ達が話題を提供してくれたのだ。

ならば、若干、怪談としての醍醐味が薄れてしまっても、書き残しておこうと考えた。

話の中には、余所で書いたエッセイや、漫画化された話も交ざっている。それらは皆、紙数の都合で書ききれなかったものや、後日譚の出てきたものだ。

既読の方には申し訳ないが、こちらもそんなに、とんでもない目にしょっちゅう遭っているわけではない。

また、出てきたモノの気持ちを思うと、話の枝葉もいじれない。

私は彼らをネタにして、生活の糧の一部にしている。ならば、最低限、モノ達の権利と尊厳は守りたい。

加えて、これは勝手に思っていることだけど、モノ書きのところに出てくるモノは、己の存在を多くの人に知らしめたいのではないか……そんなふうに思うときもある。

とすれば、下手な演出は、モノ達にとっても不本意だろう。

事実はひとつ。体験も一度。

創作も手がける身としては、筆の滑りそうなときもあった。だが、関係者一同のことを思って、話はなるべく記憶のまま、記すように心掛けた。

そうすることによって、少しでも彼らの溜飲が下がるなら、従うことに異存はない。

――モノ達の蠢(うごめ)く身辺雑記、楽しんで頂けたなら幸いだ。

加門七海

平成二十年　十二月吉日

解説

森　達也

三人の超能力者を被写体にしたテレビドキュメンタリー『職業欄はエスパー』が、フジテレビ系列で放送されたのは一九九八年。その制作裏舞台（つまりメイキング）を書籍『スプーン』（飛鳥新社）として発表したのはその三年後（現在は『職業欄はエスパー』と改題して角川文庫に収録）。その後もいろいろと取材は続けていて、この原稿を書いている現在は、『職業欄はエスパー』の続編的な位置にあるルポルタージュの、最後の推敲作業を進めている（数カ月後には刊行予定だ）。

要するにもう二十年以上、僕はこのジャンルの人たちと、何やかやと関わっているということになる。

決して猜疑心(さいぎしん)は強いほうではないけれど、一応はジャーナリスティックなテーマも手がけてきたから、その感覚は身に付いているつもりだ。何でもかんでも無防備に信じてしまうタイプではないと自分では思っている。

それにそもそも僕には、いわゆる霊感らしきものはまったくない。そこにいるよとかこっちを見ているとか言われても、まったく意味がない。ああそうですかと曖昧にうなずくくらいしかできない。

ところが無視できない。「いるはずはない」とどうしても断定できないし、「あるはずはない」と断言もできない。

幽霊や超能力を否定する人たちに根拠を訊けば、「物理学的にありえない」との答えが返ってくることが多い。確かにテレビによく登場する否定派の学者たちは、「エネルギー保存則から逸脱している」とか「作用反作用の法則に反している」などと、ありえないその根拠を述べる。その意味ではとても合理的だ。これに反論はできない。

でもエネルギー保存則や作用反作用の法則は、古典物理学の範疇に位置する法則だ。分子レベルから地球レベルまでの大きさしか取り扱えない。これより小さい素粒子レベルやこれより大きい宇宙レベルを研究するときは、古典物理学ではなく相対性理論や量子力学などを使う。つまり現代物理学だ。

なぜなら古典物理学だけでは、宇宙規模における時間と空間の相互関係を説明することができない。重力は時空に歪みが生じることによって発生するという原理も根拠を失う。原子核を構成する素粒子が粒子と波動の二重性を持つことや確率解釈、不確定性原理やシュレーディンガー方程式なども、古典物理学はまったく説明できない。宇宙誕生理論として一般的なビッグバンも、ただの絵空事になってしまう。

もちろん相対性理論と量子力学は、それぞれ宇宙レベルと素粒子レベルのサイズにおいて通用する法則だ。人間のサイズで身の回りの現象を解析するのなら、古典物理学だけで事足りることは確かだ。でも人間の身体も含めてこの世界のあらゆる物質は、（当たり前だけど）多くの分子から構成され、その分子は素粒子によってできている。あるいは人間が暮らす地球は太陽系を構成する惑星のひとつであり、太陽系は銀河系の要素であり、同じような銀河系はこの大宇宙にほぼ無限に（実際に無限かどうかはわからない）存在している。絶対に無縁ではない。だから少なくとも、古典物理学に反しているとの理由だけでオカルトを否定することは、相当に無理があると僕は思う。とはいえ現状のオカルト状況は、すさまじいほどの玉石混淆だ。しかも玉が異常に少ない。

近年の心霊写真でよく取り上げられるオーブ（小さな光の玉）は、遊離する人の魂などではなく、空気中の水分や埃などの微粒子に乱反射したストロボ光が撮影された現象であると考えたほうがいい。だから夜間に霜が降りてきたとき、あるいはトンネルのように湿り気のある場所や滝や急流の渓谷などで、オーブはよく映り込む。最近オーブの写真が増えてきた理由も、デジタルカメラやカメラ付携帯電話の普及で、多くの人が気軽に思いついたときに写真を撮れるようになったことで説明できる。

同時に近年、レンズフレアや多重露光などのミスがほとんど起こらないことで、（オーブの写真は増えたけれど）死んだ祖母の巨大な顔が襖（ふすま）に浮かんでいるというような牧歌的な心霊写真の量が圧倒的に減少した。

ただしこちらも、映像については一応のプロだ。撮影の際のトリックについては、ある程度は察知できるし指摘できる。そのうえで断言するけれど、ネットで目にする心霊動画のほとんどは、トリックで撮影できる代物だ。でもほとんどだ。すべてではない。時おり、「これはトリックでは無理かも」と思うような映像が存在していることは確かだ。だからやっぱり思い惑う。悩む。相変わらず稜線（りょうせん）は曖昧なままだ。

これらの映像には、ある共通した要素がある。

「見え隠れ」の法則だ。

心霊動画でよくある手法は、カメラがパン（横移動）した一瞬に、霊らしき存在が映り込んでいたというケースだ。数秒後にカメラがその位置に戻ったとき、霊らしき存在はほぼ絶対に消えている。あるいは部屋のカーテンを開けた瞬間とか、霊らしき存在が映り込む時間は必ず一瞬だ。つまり見えては隠れる。動画だからできることだ。

かつてはこの「見え隠れ」を、一枚の写真で現わさなければならなかった。肩の上に手首だけが乗っているとか、箪笥とか戸棚の薄暗い隙間に顔らしきものが見えているとか。堂々と腕を組んで笑いながら登場する心霊はまずいない。まあもしいたとしても、それを心霊と認知できないとは思うけれど。

この「見え隠れ」の法則は、心霊だけではなく、超能力などにも適用できる。例えば一世を風靡したスプーン曲げなども、曲がったり折れたりするその瞬間は、まるで人の目を避けるように隠される傾向がある。日本の近代史において最も有名な超能力真贋論争である千里眼事件（鈴木光司のホラー小説『リング』は、この騒動から着想を得ていると思われる）の際にも、最初の被験者となった御船千鶴子は、立会人たちに背中を向けて透視することを主張した。だからこそ実験には成功したけれど、後にトリックだったとメディアから書きたてられ、千鶴子は自ら命を絶った。

そもそも「オカルト」という言葉自体、「隠されている」を意味するラテン語だ。心霊や超能力だけではない。ＵＦＯ（未確認飛行物体）にしてもＵＭＡ（未確認生物）にしても、いわゆる未確認のジャンルにおいてはまず例外なく、この「見え隠れ」の法則は共通する。

投稿動画や映画における心霊の描写については、もうひとつの法則がある。非日常的であることだ。例えば映画『エクソシスト』では、悪魔に憑かれた少女リーガンが階段を背面歩きで駆け降りてくるスパイダー・ウォークが有名だ。映画『リング』のクライマックスでは、井戸から現れた貞子の霊がテレビ画面の向こうからこちら側に侵入してくるとき、とても不自由そうに這い出してくる。

振り返った瞬間に、逆さまにぶら下がった顔や決してあり得ない角度に曲がった首があるという手法も、霊の登場シーンとしては定石だ。確かに普通に立っているよりも、はるかに怖い。怖いけれど、苦労して梁などに足をかけている情景を想像すると、なんだか切なくなる。リーガンや貞子にしても、どうやったら大向こうを唸らせられるだろうかと必死に考えて、あのスタイルになったのかもしれない。

失敗は許されない。リーガンがもし階段を転げ落ちていたら、あるいはテレビ画面から出てくる貞子が枠に頭をぶつけていたら、さらに天井の梁に足をかけながら手が滑って頭から床に落ちていたら、どうやってその場をごまかすつもりなのだろう。二度と取り返しがつかない。

だから考える。なぜ彼らはこれほど熱心に、非日常性を演出しようとするのだろう。もしも僕らに害を為すことを究極の目的にしている存在ならば、何食わぬ顔をしながら隣近所に暮らし、油断させておいてからいきなり牙を剝いたほうが、絶対に大きなダメージを与えられるはずだ。でも彼らはそんな裏切りをしない。とにかく律儀なのだ。ある意味で彼らは、僕らの期待に必死に応えようとしている。

本書を読みながら、そんなことを考えた。多くの霊が登場するけれど、邪悪で危険な霊はあまりいない。親戚の家の東南角の洋室は例外的に禍々しいが、従妹の証言だけで、霊らしきものは本文には現れない。どちらかといえば、加門に一喝されてあわてていなくなるような心優しい霊がほとんどだ（一喝するほうもどうかとは思うけれど）。

たぶん、そんなものなのだろう。だって霊とはいえ、元は生きていた人だ。自分の身の回りを見渡しても、邪悪で危険な人などまずいない。

基本的には心優しい。でもなぜか怖がられる。ときおり姿を見せる。でもなぜか正面からは決して現れない。見えたかと思うと隠れる。そして視線を逸らせば、また視界の端に見え隠れする。もしかしたらこの繰り返しを、人類はオカルト全般に対して、有史以前から続けていたのかもしれない。

いずれにせよ霊感を持たない僕には、そもそも彼らが実在するのかどうかすらわからない。確信はない。実は子ども時代に一度だけ、枕許に座っていた髪の長い女性に顔を押しつけられた体験があるけれど、それが夢なのか現なのか、今となってはわか